BREAKTHROUGH
F R E N C H 3

Second Edition

Jenny Ollerenshaw

Formerly Lecturer in French and a materials developer and
writer at the Centre for Modern Languages at the Open
University, Jenny has been a professional language materials
writer for the last 15 years, specialising in the writing of self-
access materials for adults.

Stephanie Rybak

Formerly Language Learning Adviser to the University of
Cambridge and Director of the Centre for Modern Languages
at the Open University, Stephanie is the author of many
successful courses including *New Breakthrough French* and
Breakthrough French 2.

Brian Hill
General Editor
Professor of Modern Languages
School of Languages, University of Brighton

palgrave
macmillan

First edition 1999
Reprinted twice
Second edition 2003
Published by
PALGRAVE MACMILLAN
Houndmills, Basingstoke, Hampshire RG21 6XS and 175 Fifth Avenue, New York, N. Y. 10010
Companies and representatives throughout the world

PALGRAVE MACMILLAN is the global academic imprint of the Palgrave Macmillan division of St. Martin's Press, LLC and of Palgrave Macmillan Ltd. Macmillan® is a registered trademark in the United States, United Kingdom and other countries. Palgrave is a registered trademark in the European Union and other countries.

ISBN 1–4039–1676–4 book
ISBN 1–4039–1675–6 book and cassette pack
ISBN 1–4039–1677–2 cassettes

A catalogue record for this book is available from the British Library.

This book is printed on paper suitable for recycling and made from fully managed and sustained forest sources.

Audio producer: Gerald Ramshaw, Max II
Actors: Philippe Monnet, Brigitte Sawyer, Walter Pagano
Native speaker checker: Hélène Mulphin, Centre for Modern Languages, Open University

10   9   8   7   6   5   4   3
12   11   10   09   08   07   06   05   04

Printed in China

Acknowledgements

Jenny Ollerenshaw wishes to thank the following people: Tim, Daniel and James for patiently putting up with the disruption to their lives during the writing of the book, Hélène Mulphin for her very detailed checking of the script, and Benoît Vandeputte for his hospitality and assistance while she was taking photos in Paris.

The authors and publishers would like to thank the following for permission to use copyright material:

Radio programmes: L'Institut National de l'Audiovisuel: Inter-actualités: le tourisme, France-Inter (p.17), Campagne anti-alcool, France-Inter, (p. 79), Le billet de Rosemonde Pujol: La sécurité, France-Inter (p.118) all © INA ; Radio Service Tour Eiffel: other radio extracts.

Text and illustrations: Hachette Livre, *Le Nouveau Guide France* (p.4); *Le Figaro*, weather map and article (p.11); Paris Tourist Office, extracts from website (p.22); L'Office de Tourisme de Caen, *Guide Pratique 1997–98* (p.30) and photographs (pp. 27, 30); Editions Economica, *L'Etat de la Planète*, Lester L. Brown, pour le Worldwatch Institute, 1991 (p.40); Les Amis de la Terre, *Etudes et Documents: Pollution Atmosphérique et Transports* (p.45); L'Association Relative à la Télévision Européene, and TF1, TV channel logos (p.58); L'Atelier Volant (p.60); La Fédération Internationale de Pétanque et Jeu Provençal (p.66); L'Association Soins Santé (p.76); L'Association Nationale de Prévention de l'Alcoolisme (p.82); *Le Point* (p. 84); Presses Universitaires de France, Pierre Albert, *La Presse*, coll. "Que sais-je?", no. 414, © P.U.F., 11th ed., 1996, pp.87 and 91 (p.94), and Michel Mathien, *La presse quotidienne régionale*, col. "Que sais-je?", no. 2074, © P.U.F. 3rd ed., 1993, pp.105–6 (p.99) ARENE Ile-de-France (p.112); Centre d'information et de documentation sur le bruit (pp.116, 120); Isobel Munday, photograph (p. 124); Bis (p.130); Compagnie IBM France (p.134); l'ANPE (p.137); Hertz Corporation, photo (p.152), text (p.153); *Télérama*, article by J. Mautry, 2/9/94 (pp.166, 170); Matra Marconi Space UK Ltd, photographs (pp. 168, 172, 177); Centre Commun de Recherche, European Commission (p.174).

All other photographs supplied by Jenny Ollerenshaw.

Every effort has been made to trace copyright holders, but if any have been inadvertently overlooked the publishers will be pleased to make the necessary arrangements at the first opportunity.

Contents

MAKING THE MOST OF THIS COURSE

Welcome to *Breakthrough French 3*

Breakthrough French 3 is intended both for self-study learners and for classroom use. If you are learning in a group, your teacher will guide you through the course. If you are using *Breakthrough* on your own (or you want to do some extra studies outside a class), take time to read through this introduction. You'll get more out of the course if you understand how it has been structured and what is expected of you.

Breakthrough French 3 is for those who already have a working knowledge of the language, perhaps because they have studied *Breakthrough 2* or a similar second-level course. Before deciding on the content and the approach, we consulted hundreds of language learners and teachers about what they need at this level, and the course has been built on their advice.

The result is a course which takes carefully selected examples of real French, both spoken and written, and then uses these examples as the base to develop your ability to take part in conversations, to understand what is said to you or what you read and to set down your thoughts in written French.

There are ten units, each based on a theme which reinforces and extends your knowledge of real French. The emphasis is on the language used to understand and communicate effectively in a range of common situations. Each unit has the same basic structure.

1 The introductory page

This sets the scene, tells you what you will learn, gives you useful tips for the new unit and gives you guidance on how to learn and what to watch out for.

2 Dialogues

In each unit there are three core dialogues in which new vocabulary and structures are introduced. Most of them have been specially recorded on location in France or taken from French radio and they cover different aspects of the unit theme. Please *do not* expect to understand them immediately. By their nature, each one is introducing new vocabulary and structures. Try playing each dialogue through once or twice (reading the transcript at the same time if it helps). Then go through it using your PAUSE button and consulting the linked notes, which explain things you may not yet have come across. Don't be afraid to make your own notes in the book or to underline things which are important to you. Finally, listen to the dialogue once or twice straight through without looking at the book before you move on to the practice section.

3 Travaux pratiques

Each core dialogue has a number of exercises attached to it. These pick up the main points and give you practice in reading, listening, speaking and writing. Instructions on how to do each exercise are given in the book, with answers, where appropriate, listed at the end of each unit. You will probably need to go through these exercises several times, particularly the speaking practice, before you feel you have mastered them. It's wise to spend as much time as you need here so that you really do learn the main words and structures.

4 Grammaire

This is not primarily a grammar course. Each dialogue has been selected on the basis of the topic and the vocabulary it introduces. However, it is often valuable, and indeed interesting, to see how the language works. This can increase your confidence in generating language of your own. Each unit explains a few important aspects of grammar that should help you develop a firmer foundation. Interspersed are exercises to practise the points that have been introduced. If you can't get on with grammar, look at this section more for reference rather than feeling you need to have mastered everything before moving on.

5 Expressions importantes

To help you pull together the most important points, each unit has a page listing key words and phrases. Read these through, checking back to the notes linked to the dialogues if you need to refresh your memory. Then work through the list, first covering up the French translation to see if you can remember the matching phrase in English, then covering up the English to see if you can remember the French.

6 A vous de parler

At the end of each unit arc one or two speaking activities. If you are able to work with a partner, there are suggestions on how to tackle them together. They have, however, been designed so that you can also work on them alone. The aim is to reinforce key points that have cropped up during the unit.

Most of the units conclude with this section. These authentic excerpts from French radio are, of course, spoken at normal speed. The first time you hear them you may not understand very much at all. But this is a useful way of sharpening your listening skills. If you persevere you will find that, by the time you get to the later units, you will be able to tune in to real French much more easily. This section includes a listening task, and often a list of vocabulary. Working on these will help you to understand what is said.

There are also transcripts of the recordings (p. 216). Depending on how difficult you find the excerpts, you can use the transcripts in different ways. If you do understand fairly easily then it is probably best not to look at the transcripts until after you have done the exercises. To make it easier you could, however, read the transcripts through before listening and/or listen and read at the same time. You will have to decide what suits you best. In later units try to reduce your reliance on the transcripts.

At the end of the book, in addition to the radio transcripts, you will find: a grammar summary, including a glossary of grammatical terms and a table of irregular verbs; a vocabulary list; a list of grammar contents by unit; and a grammar index.

A few final words

Be patient with yourself ... above all, don't get discouraged. Everybody comes across sticky patches when they feel they are not getting anywhere. Try looking back to some earlier dialogues to see just how much you have learned.

If you can, practise regularly. Thirty to forty minutes a day is usually better than a block of four hours once a week.

It helps to speak out loud in French as much as possible. This may seem strange at first but actually using the words, with a friend or to yourself, is a good way of practising and remembering.

There is a lot of material to take on board. Have confidence in us. Real language is quite complex and the course has been designed to build up your knowledge slowly, selecting what is important at each stage.

Bon courage!

Brian Hill

1

LES FRANÇAIS EN CONGÉ

WHAT YOU WILL LEARN
- ▶ something about public holidays in France
- ▶ describing what you did in the holidays
- ▶ reading adverts for houses
- ▶ the language of weather forecasts

BEFORE YOU BEGIN

Make sure that you have read the introduction on p. iv: it will tell you what to expect from the course and how to get the most out of it.

If you haven't used authentic recordings before, you may find the dialogues a bit daunting at first, because they are in real French, spoken at normal speed by ordinary people, with all the hesitations and informality of natural speech. Don't worry if you don't understand everything straight away. You can listen to the recordings as often as you like, and you can always use the pause and rewind buttons. The course uses these authentic recordings to teach the listening skills that will prepare you to understand the language that you will be faced with in real situations.

Les congés en France

Patrick	Dites-moi, Jean-François, combien de semaines de congé avez-vous en France?
Jean-François	Eh bien, nous avons cinq semaines de congé et une dizaine de jours fériés que nous pouvons allonger avec des ponts, c'est-à-dire, si, par exemple, le onze novembre, qui est une fête nationale, tombe un jeudi, bien souvent nous bénéficions du vendredi comme jour de congé.
Patrick	Et pour ce qui est des vacances d'été, on m'a dit que presque tous les Français partaient au mois d'août – c'est vrai?
Jean-François	Euh, effectivement les vacances sont peu étalées en France et la majorité des gens partent en juillet et en août.

le congé   time off, holiday, vacation

une dizaine   about 10. Note that the suffix **-aine** added to certain numbers means 'approximately that number', e.g. **une douzaine**, 'about 12' or 'a dozen', **une vingtaine**, 'about 20', **une trentaine**, 'about 30'. (Note that in the case of **dix** the final **x** changes to a **z**.)

le jour férié   public holiday

c'est-à-dire   that is to say, i.e.

la fête nationale   national holiday

le pont   an extra day off (literally a 'bridge') taken between a public holiday and a weekend to make a four-day holiday. In practice this happens when a public holiday falls on either a Tuesday or a Thursday, and people take the Monday or the Friday off as well. Note also **faire le pont**, 'to take a long (4-day) weekend', 'to make a long weekend of it' (under the circumstances explained).

le onze novembre   11 November, Armistice Day, is a national holiday.

tomber un jeudi   to fall on a Thursday. Note that there is no equivalent in French to the English 'on' used with a day of the week, e.g. **je vous verrai lundi**, 'I'll see you on Monday'.

pour ce qui est des vacances d'été   as far as the summer holidays are concerned

on m'a dit que   I was told that

partir   to go away on holiday

étalé(e)   spread out

1 Learning synonyms (words which mean roughly the same thing) is a good way of enriching your vocabulary. Use the transcript to find the words or phrases in the dialogue that mean the following:

a environ dix _____
b rendre plus long / augmenter la longueur de _____
c nous profitons de _____
d la plupart des _____

Answers p. 18

2 Without referring to the transcript, listen again to what Jean-François has to say about holidays in France and decide whether the following statements are true or false. Correct any that are false.

	Vrai	Faux
a Les Français ont cinq semaines de congé par an.	☐	☐
b En France il y a plus de douze jours fériés par an.	☐	☐
c Quand on 'fait le pont' on travaille un jour de plus.	☐	☐
d Les vacances sont très étalées en France.	☐	☐
e La plupart des gens partent au mois de juillet ou au mois d'août.	☐	☐

Answers p. 18

3 Listen to **Dialogue 1** again, paying particular attention to the nasal vowels in the following words. (You might find it helpful to underline the words in the text before you start.) Then go to the recording and repeat them after Walter, pausing the tape for as long as you need.

a Sound 1 (written as **en**, **em**, **an** or **am**):
exemple, novembre, souvent, vendredi, effectivement, vacances, France, gens, en

b Sound 2 (written as **on** or **om**):
avons, congé, pouvons, allonger, ponts, onze, tombe, bénéficions, on, sont

4 Listen to Brigitte talking to a Moroccan about annual leave and public holidays in Morocco, and then answer the questions below in French, either aloud or in writing. Here are some words to help you:

par rapport à compared with
ça ne se fait pas it isn't done

a Combien de semaines de congé a-t-on au Maroc?
_____

b Est-ce qu'on a plus ou moins de jours fériés au Maroc qu'en France? _____

c Est-ce qu'on fait le pont au Maroc?
_____

d Est-ce que tout le monde part en vacances au même moment au Maroc, comme en France? _____

Answers p. 18
_____

---

5 Here is an extract from *Le nouveau guide France* about national holidays.

Repos et congés

Le repos hebdomadaire (24 heures consécutives par semaine) a été légalement institué en juillet 1906.

Aujourd'hui, un grand nombre de salariés bénéficient de 2 jours de repos par semaine, et certaines entreprises appliquent la semaine de 4 jours de travail.

C'est la loi du 20 juin 1936 qui a accordé aux travailleurs le droit aux **congés payés**: 2 semaines par an. En 1956, leur durée a été portée à 3 semaines (18 jours ouvrables). En mai 1969, une loi, consacrant une pratique déjà répandue par voie contractuelle, a fixé les congés payés annuels à 4 semaines (24 jours ouvrables). Ils ont été portés à 5 semaines en 1982. (La France dépasse largement à cet égard tous les autres pays.)

Les salariés bénéficient en outre de congés pour événements familiaux, de congés éducation et de 10 jours fériés par an [...]

Les fêtes

Les congés sont en grande partie commandés par les fêtes. Celles-ci comprennent **les fêtes religieuses**, issues de la tradition catholique (Pâques, Ascension, Pentecôte, Assomption, Toussaint, Noël) et **les fêtes civiles**: celles qui sont célébrées dans la plupart des pays (Jour de l'An, Premier Mai) et celles qui évoquent les grandes dates de l'histoire nationale (Fête nationale commémorant la prise de la Bastille, Fête commémorant l'armistice du 11 novembre 1918, Fête de la victoire du 8 mai 1945).

Source: *Le nouveau guide France*, G. Michaud & A. Kimmel, © Hachette Livre 1996

hebdomadaire weekly
accorder quelque chose à quelqu'un to grant something to someone
répandre to spread

en outre in addition
comprendre to include
être issu(e) de to come from

Find the French words or phrases in the extract which mean:

a firm, business _____

b was increased to _____

c working days _____

d exceeds by a long way _____

e in this respect _____

f these include _____

Answers p. 18

g non-religious holidays _____

Unit 1 Les Français en congé

6 Now answer these questions relating to the extract in Exercise 5.

a What was legally instituted in July 1906?

_____

b How many days off per week do most French workers have?

_____

c What did the new legislation in June 1936 grant to workers?

_____

d Since 1936 how has the lot of the workers improved?

_____

_____

e How does the situation in France compare with that in other countries?

_____

f Under what two headings could one classify public holidays in France?

_____

g What are the two subdivisions under the **fêtes civiles** heading?

_____

Answers p. 18

7 You are now going to reuse some of the words and phrases from **Dialogue 1** in a prompted dialogue. Imagine that you are making an appointment with an overseas client from your office in France. You want to make sure that he does not arrange to meet you on a day when you should be on holiday! Walter will play the part of the client. Philippe will tell you what to say in English in reply. When you have heard his English prompt, pause the recording and say your part in French. Then start the recording again and you will hear the correct version before the conversation continues. You'll need the following words and phrases:

(je suis) désolé(e)	I'm sorry
ça va très bien pour...	that's fine for...
à lundi	see you on Monday

DIALOGUE **2**

Nous avons acheté une maison à la campagne

Martine	Tiens, Marie! Comment vas-tu?
Marie	Bien. Et toi?
Martine	Ça va, merci.
Marie	Tu es toute jolie! Tu as bronzé!
Martine	Ah oui, un petit peu. On a passé pas mal de temps en montagne cet été.
Marie	Ouais… C'était bien?
Martine	Oui, oui. Parfait!
Marie	Vous êtes allés où?
Martine	On était dans le Vercors, à côté de Villard de Lans.
Marie	Mm…
Martine	C'est une belle région et euh…on a passé de très bonnes vacances.
Marie	OK!
Martine	Et toi, je t'ai pas vue!
Marie	Ben nous, nous avons acheté une maison à…à la campagne, à côté de Toulouse…
Martine	Ah OK, parfait!
Marie	Donc on est partis là-bas. Et puis on a…on a retapé la maison, on a rénové, tout l'été.
Martine	Ah, d'accord. Et c'est grand?
Marie	Oui, c'est très grand. Il y a quatre chambres, un grand salon, une grande salle à manger et une cuisine superbe, une grange…
Martine	Très bien. Ça va vous faire beaucoup de travail, non?
Marie	Ouais… Beaucoup de choses à faire… Là, on termine la cheminée, mais on a aussi fait des escaliers, on a posé un parquet flottant et puis on a un peu travaillé dans le jardin.
Martine	Bon, d'accord. Et vous allez y aller régulièrement maintenant?
Marie	Ouais, ouais, je pense bien.
Martine	Euh, est-ce que vous avez un terrain autour?
Marie	Oui, il y a un grand jardin autour.
Martine	Ah OK, d'accord. Ben…c'est bien pour les enfants, alors!
Marie	Ouais, et puis c'est un jardin fermé évidemment, enfin, on a mis une clôture tout autour.
Martine	Très bien. Et c'est dans la campagne même ou c'est, euh, dans un village?
Marie	C'est dans…à côté d'un petit village. On est, on est assez éloignés du village, deux–trois kilomètres.

bronzer   to get a tan

pas mal de temps   quite a while. **Pas mal de…** is usually translated as 'quite a lot of', e.g. **pas mal de gens** means 'quite a lot of people'.

en montagne   in the mountains. In France many people prefer going away on holiday to the mountains rather than to the seaside.

parfait(e)   great, wonderful (literally 'perfect')

on est partis là-bas   we went there. Note that because **on** means 'we' here, the past participle (**partis**) agrees with the plural subject.

retaper   to do up, to work on (house)

rénover   to renovate, to modernise (house)

une grange barn

Ça va vous faire beaucoup de travail, non? That's going to make a lot of work for you, isn't it?

là, on termine la cheminée we're just finishing the fireplace at the moment. (You probably know the meaning of **là** as 'there' (place); **là** can also mean 'now' or 'at the moment'.)

la cheminée fireplace. (It can also mean 'chimney'.)

un escalier staircase

un parquet flottant a parquet floor that you do not have to stick down, and which is therefore easy to lay

ouais relaxed pronunciation of **oui**, 'yes'

un terrain land

évidemment of course

une clôture fence

tout autour all around

enfin, on a mis une clôture tout autour well, we put a fence all around (it)

être éloigné(e) de to be far from / a long way away from. The infinitive **éloigner de** means 'to move / to take away from'.

TRAVAUX PRATIQUES

8 From the following pictures, pick out the two that show Martine and her family on holiday and Marie and her family on holiday.

a

b

c

d

Answers p. 18

9 During their search for a house, Marie and her family were hoping to find a village property that had the following:

- 3 or 4 bedrooms
- a safe garden for the children to play in
- a garage
- a large family room

Being keen DIY enthusiasts, they wanted a property that needed work doing to it.

Use these criteria to decide which of the houses advertised in this newspaper Marie might have short-listed while looking for the house. Don't worry if you don't understand every word of the adverts – you only need to understand the gist of them to do the exercise.

a

TRÉVIGNE

Part. vend ancienne maison à rénover, beaucoup de charme, terrain clôturé, 3 chambres, séjour, cave, garage, véranda, prox. plage

b

VERDACHE

Maison neuve, 3 chambres, salon-séjour avec cheminée, jardin clos et garage attenant

c

CARDONNE

Vends maison à rénover, 4 chambres, beau salon, cave, garage, courette avec fontaine et lavoir, petit jardin

d

LAMASQUERE

Vends jolie maison traditionnelle, cuisine, sal-séj, 2 grandes chambres, chauff. Fuel, garage accolé, terrain clos 510m2

e

LARMONT

Maison prête à vivre, 4 chambres, grand séjour, salon, cuisine aménagée, jardinet, à voir

f

LA MORERE

Ancienne maison de village, 4 chambres, lingerie, terrain clos, séjour 40m2, chauffage gaz, grange/garage, finitions à prévoir

g

BARRERE

A vendre maison en pierre, rénovée, cuisine aménagée, séjour avec cheminée, 3 chambres, grenier, garage, jardin clos

Answers p. 18

10 Imagine that you are Brigitte, looking for a house with the criteria described in Exercise 9. Walter is going through the adverts above and asking whether the houses would be suitable. Listen to the recording and follow the prompts. Looking at the adverts as you do the exercise will help you. You will need:

c'est près de	it's near to
on voulait	we wanted to
il y aurait	there would be
avoir l'air	to seem
déjà	already

Don't forget that when you refer to a house as 'it', you use **elle**.

Answers p. 18

11 Now listen to Walter asking Brigitte about her summer holiday and fill in the blanks in the transcript below.

Walter Salut, Brigitte. Dis-donc, tu es ______a!

Brigitte Oui, on est partis ______b chez ma sœur, ______c Quimper.

Walter Vous êtes restés chez elle?

Brigitte Oui, ils ont acheté une ______d là-bas, juste avant les vacances.

Walter Super! Et elle est bien, la maison?

Brigitte Oh, tu sais, c'est une maison qu'ils vont ______e, alors il reste ______f. Ils vont refaire la cuisine et la salle de bains. Quand tout sera ______g, ça sera une très belle maison.

Walter Et est-ce qu'il y a un ______h autour?

Brigitte Oui. Il y a un très grand jardin qui demande ______i. Alain et Patrick ont mis une ______j tout autour pour les enfants, et moi, j'ai passé ______k temps à faire du jardinage, c'est pour ça que je suis bronzée.

 **La météo**

| Speaker | Bonsoir. Le ciel est nuageux et les températures sont fraîches. La météo n'est pas optimiste pour la nuit prochaine et pour demain: cette nuit les températures baisseront jusqu'à 9°; quant à demain: éclaircies et nuages joueront à cache-cache avec des pluies intermittentes; les températures seront de l'ordre de 18°. |

nuageux   cloudy
frais (fraîche)   fresh, cool
la météo   weather forecast (short for **la météorologie**)
la nuit prochaine   tonight (literally 'the next night')
cette nuit   tonight
les températures baisseront jusqu'à 9°

the temperatures will drop to 9° (centigrade)
quant à   as for
éclaircies et nuages joueront à cache-cache   sunny spells and clouds will play at hide-and-seek
la pluie   rain. **Il pleut** means 'it is raining'.
de l'ordre de   in the order of, roughly

12

Now listen to the forecast again and match up the weather predictions with the corresponding part of day. Tick the grid.

La météo	a	b	c	d 9°	e 18
ce soir					
cette nuit					
demain					

Answers p. 18

13

Using the key on the map on the opposite page to help you, match up the French weather terms in the left-hand column with the correct English terms in the right-hand column in the table below.

	French term		**English term**
a	le soleil	i	very cloudy
b	les éclaircies (f.)	ii	fog
c	les courtes éclaircies (f.)	iii	short sunny spells
d	nuageux	iv	rain
e	peu nuageux	v	overcast
f	très nuageux	vi	mist
g	couvert	vii	storms
h	les averses (f.)	viii	sunny spells
i	les pluies (f.)	ix	strong wind
j	les bruines (f.)	x	showers
k	les orages (m.)	xi	cloudy
l	les brumes (f.)	xii	moderate wind
m	le brouillard	xiii	drizzle
n	la neige	xiv	sun

o   le vent faible

p   le vent modéré

q   le vent fort

xv   snow

xvi   light winds

xvii not very cloudy

Aujourd'hui

Des Ardennes et du Nord-Est au Centre et à l'Aquitaine, un ciel gris très brumeux (nombreux brouillards givrants le matin) ne laissera place qu'à des éclaircies passagères l'après-midi.

De la Normandie à l'Ile-de-France et au Nord, le soleil brillera encore le matin, puis une grisaille brumeuse tendra à s'établir de l'est vers l'ouest.

Sur la Bretagne et les Pays de la Loire, il fera beau.

Près de la Méditerranée, il fera beau malgré quelques passages nuageux.

Il continuera à faire froid, avec des gelées matinales de –5° dans toutes les régions de l'intérieur, tandis que les températures diurnes iront de –1° dans le Nord-Est à 10° dans le Midi.

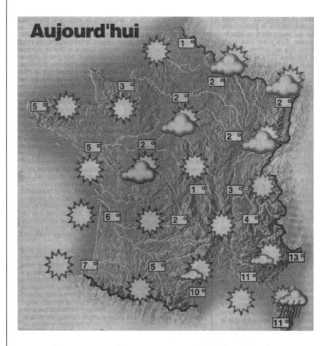

© *Le Figaro*, no.9807014

14

Here is a translation of the forecast for the day in Exercise 13. It contains several inaccuracies. Read it carefully and correct it where necessary. You should be able to work out what you need to know by using the vocabulary from Exercise 13 and by some intelligent guessing.

> **Today**
>
> In the area from the Ardennes and from the North-East to the Centre and to Aquitaine, the grey and very misty skies (there will be a lot of freezing rain in the late afternoon) will not give way to prolonged sunny spells until the afternoon.
>
> From Normandy to the Ile de France and the North, rain will continue to fall in the morning, then a misty greyness will tend to develop from the East to the West.
>
> In Brittany and the Loire region it will be snowy.
>
> In the Mediterranean area it will be fine in spite of some misty spells.
>
> It will continue to be windy, with morning frosts of –5° in all coastal areas, while the daytime temperatures will vary from –1° in the North-East to 10° in the South.

Answers p. 18

15

Listen to the recording and answer the questions in English. You will need:

être déçu(e)	to be disappointed
il vaut mieux	it would be better
un parapluie	umbrella
au cas où	(just) in case

a Where do Brigitte and Walter first consider spending the weekend?

_____

b Detail why they reject this option.

_____

c Who won't be happy if they have to change their plans?

_____

d Where do they finally decide to spend the weekend? _____

e Why is this a better option? _____

_____

Answers p. 18

f What do they decide to do just in case? _____

16 Now you are going to practise describing the weather yourself. Look at the map and answer the questions about the weather in different parts of France. There are no prompts for the answers, as all the information is on the map. The vocabulary you need has already appeared in Exercises 13 and 14. These phrases will help you:

il fait du soleil it is sunny

il fait 5° it is 5°. (Notice that the French often use **il fait** where in English we use 'it is' when talking about the weather.)

il neige it is snowing

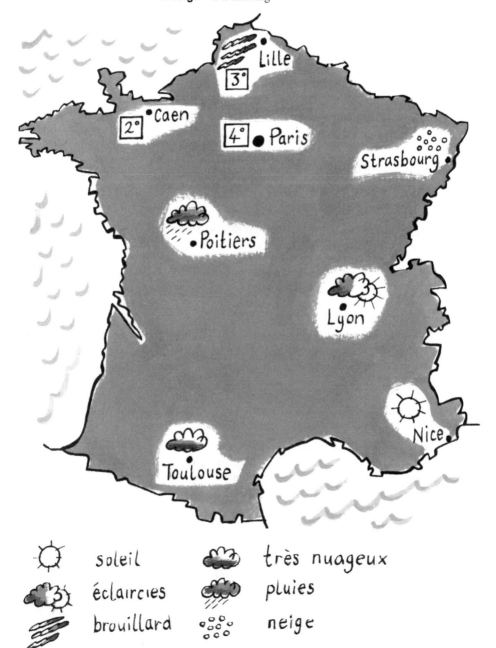

GRAMMAIRE

Using **qui** and **que**

In this unit so far you have seen several examples of the use of **qui** and **que**:

...le onze novembre, <u>qui</u> est une fête nationale...
...the 11th of November, <u>which</u> is a national holiday...

C'est la loi du 20 juin 1936 <u>qui</u> a accordé aux travailleurs le droit aux congés payés...
It was the 20 June 1936 Act <u>which</u> gave workers the right to paid holidays...

...les fêtes civiles... <u>qui</u> sont célébrées dans la plupart des pays...et celles <u>qui</u> évoquent les grandes dates de l'histoire nationale...
...non-religious holidays... <u>which</u> are celebrated in most countries...and those <u>which</u> recall the important dates from national history...

...nous avons...une dizaine de jours fériés <u>que</u> nous pouvons allonger...
...we have about ten public holidays <u>which</u> we can extend...

Here are two other examples with **que**:

La maison <u>que</u> nous avons achetée est très grande.
The house <u>that</u> we have bought is very big.

La voisine <u>que</u> j'ai vue cet après-midi m'a dit qu'il va neiger demain.
The neighbour <u>who(m)</u> I saw this afternoon told me that it is going to snow tomorrow.

Note that after **que** the past participle (**achetée**, **vue**) agrees with the subject. Refer to the Grammar summary at the back of the book for more examples.

Both **qui** and **que** (or **qu'**) can be translated into English by 'who(m)', 'which' or 'that'. When you hear French spoken or see it written you won't have any problem translating **qui** and **que** into English, but you may find that you hesitate when it comes to choosing them in your written or spoken French. Look carefully at the examples above and see if you can work out what the difference is between them. Then do the following exercise.

17 In the following sentences choose between **qui**, **que** and **qu'** to fill in the gaps.

a   La fête _____ je préfère, c'est Pâques.
b   J'ai un ami anglais _____ a seulement quatre semaines de congé par an!
c   On va voir une maison _____ a un jardin clos.
d   La petite annonce pour une résidence secondaire _____ j'ai vue hier dans le journal me semble très bien.
e   Le brouillard _____ on a eu hier s'est dissipé.
f   Ce sont les températures basses _____ je ne supporte pas.
g   On a enfin trouvé une maison _____ nous plaît.
h   On a de la chance. On a des voisins _____ ont des enfants du même âge que les nôtres.

Answers p. 18

Unit 1   Les Français en congé

Using the perfect and the imperfect tenses

In French the perfect tense is used to describe completed actions or events in the past:

J'ai passé mes vacances au Maroc.
Elle a acheté une maison.

The imperfect tense is used to set the scene:

Il neigait et il y avait du vent.

to describe a continuous state:

La maison était très moderne.

and to describe something that happened or that used to happen regularly in the past:

On allait tous les ans à la montagne.

Very often an imperfect verb in French can be translated into English by 'was/were doing' or 'used to do'.

18 In the paragraph below, one of Marie's friends recounts how she went about choosing her house in the country. Put the verbs in brackets into either the perfect or imperfect tense. Watch out for **je** becoming **j'**.

J'en (avoir) _____**a** vraiment assez de rester à Paris le weekend, alors je (décider) _____**b** de chercher une résidence secondaire à la campagne. Je (acheter) _____**c** des journaux et je (regarder) _____**d** les petites annonces. Le lendemain je (aller) _____**e** voir une maison qui (se trouver) _____**f** à une trentaine de kilomètres de Paris. C'(être) _____**g** une jolie maison traditionnelle qui (répondre) _____**h** tout à fait à nos besoins. Le jardin clos (être) _____**i** parfait pour les enfants, et à l'intérieur, tout (être) _____**j** impeccable. Je (décider) _____**k** tout de suite de l'acheter.

Answers p. 18

EXPRESSIONS IMPORTANTES

la météo	weather forecast
il fait beau	it is fine (of weather)
il fait froid	it is cold (of weather)
il pleut	it is raining
il neige	it is snowing
le ciel est nuageux / il fait nuageux	the sky is cloudy/it is cloudy
il fait du soleil	it is sunny
il fait du brouillard / il y a du brouillard	it is foggy
je suis déçu(e)	I'm disappointed
je suis désolé(e)	I'm sorry
c'est un jour de congé	it's a day off
c'est un jour férié	it's a public holiday
c'est une fête nationale	it's a national holiday
faire le pont	to have a long (4-day) weekend (made up of one public holiday, an extra day and the weekend)
pour ce qui est de…	as far as…is concerned
quant à demain	as for tomorrow, as far as tomorrow is concerned
par rapport à	compared with
à cet égard	in this respect
on m'a dit que	I've been told that, I was told that
c'est-à-dire	that is to say, i.e.
bien souvent	very often
effectivement	indeed
un grand nombre de salariés bénéficient de	many employees receive
ça ne se fait pas	it isn't done
hebdomadaire	weekly
à lundi	see you on Monday
à la semaine prochaine	see you next week
pas mal de temps	quite a while, quite a long time
parfait(e)	perfect, wonderful
on a retapé la maison	we worked on the house, we did up the house
là, on termine la cheminée	we're just finishing the fireplace at the moment
un terrain	land
tout autour	all around
la maison a l'air super	the house looks great
il vaut mieux prendre un parapluie au cas où	we'd better take an umbrella (just) in case

19

It's now your turn to talk about what you did during the summer holidays. Walter will ask you some questions about your holiday on the recording. Once you have heard each question, pause the recording and take your time to answer – there are no English prompts. Feel free to invent any details that you like. Then go on to the next question. At the end you can listen to Walter and Brigitte having a similar conversation. Listen out for good expressions that you could have used yourself, and then try the exercise again.

20

In **Dialogue 1** you heard Jean-François describing how much holiday the French get. As preparation for the speaking exercise, describe in French:

● how much holiday you get every year
● approximately how many public holidays there are in your country
● when and where you tend to take your annual holiday/leave
● when most of your friends go away

Walter will ask the questions in French on the recording. There are no prompts for your answers.

When you have finished, listen to the recording, where you will hear Walter and Brigitte talking about the same things. Listen to what Brigitte has to say and note any expressions or words that you could have used yourself. If you are working on your own, try the exercise again. If you are working with a partner, take turns in asking each other the questions and answering.

RADIO

21

Make sure that you have read the section on Radio in the introduction before you begin this section. In this radio extract you will hear Marie-Christine Bresson try to convince the interviewer that travelling across the United States is quite straightforward. You will need:

les États-Unis   United States
livré à lui-même   left to himself
en fin de compte   in the end
gâcher   to spoil
perdu(e)   lost (from the
   infinitive **perdre**, 'to lose')

la carte routière   road map
sachez que   know that
   (subjunctive form of **savoir**)
la balise   signpost
ânnoner   to mumble

When you have listened to the recording two or three times, go through it again, this time trying to find the answers to the following questions.

a   Give one reason why French tourists might feel a bit lost in the United States. _____

b   How well are American highways signposted? _____

c   Are the Americans impatient with people who cannot speak English well? ____

Transcript p. 216

Answers p. 18

EXERCISE 1

(a) une dizaine   (b) allonger   (c) nous bénéficions de   (d) la majorité des

EXERCISE 2

Vrai: **a**, **e**. Faux: **(b)** En France il y a **une dizaine** de jours fériés par an; **(c)** Quand on 'fait le pont', on travaille un jour **de moins**; **(d)** Les vacances sont **peu** étalées en France.

EXERCISE 4

(a) On a deux ou trois semaines de congé par an au Maroc.   **(b)** On a plus de jours fériés au Maroc qu'en France (13 par rapport à une dizaine).   **(c)** Non, ça ne se fait pas au Maroc.
(d) Non, les vacances sont beaucoup plus étalées au Maroc. Il n'y a pas vraiment de 'mois de vacances'.

EXERCISE 5

(a) entreprise   **(b)** a été portée à (from être porté à)   **(c)** des jours ouvrables   **(d)** dépasse largement   **(e)** à cet égard   **(f)** celles-ci comprennent   **(g)** les fêtes civiles

EXERCISE 6

(a) 24 consecutive hours of rest per week.   **(b)** 2, but some work only 4 days   **(c)** The right to 2 weeks' *paid* holiday per year.   **(d)** In 1956 paid annual leave was increased to 3 weeks (18 working days); in 1969 to 4 weeks (24 working days); and in 1982 to 5 weeks.   **(e)** France gives much more holiday.   **(f)** Les fêtes religieuses – linked to the Catholic Church – and les fêtes civiles – non-religious.   **(g)** Those celebrated in most other countries and those linked to important dates in French history.

EXERCISE 8

Martine: **c**;   Marie: **d**

EXERCISE 9

Short-listed: **(a)** (size of sitting room?), **(c)** (garden safe?) and **(f)** (looks perfect).   Rejected: **(b)** (new), **(d)** (only 2 bedrooms, lounge-diner not big family room), **(e)** (no work needed) and **(g)** (already renovated).

EXERCISE 11

(a) bronzée   **(b)** en vacances   **(c)** à côté de
(d) maison à la campagne   **(e)** rénover

(f) beaucoup de choses à faire   **(g)** terminé
(h) terrain   **(i)** beaucoup de travail   **(j)** clôture
(k) pas mal de

EXERCISE 12

ce soir: **c** (d); cette nuit: **d**; demain: **a**, **b** and **e**

EXERCISE 13

(a) xiv   **(b)** viii   **(c)** iii   **(d)** xi   **(e)** xvii   **(f)** i
(g) v   **(h)** x   **(i)** iv   **(j)** xiii   **(k)** vii   **(l)** vi   **(m)** ii
(n) xv   **(o)** xvi   **(p)** xii   **(q)** ix

EXERCISE 14

... freezing **fog** in the **morning**...give way to **short** sunny spells...From Normandy...the **sun** will continue to **shine**...In Brittany...it will be **fine**...In the Mediterranean area...in spite of some **cloudy** spells. It will continue to be **cold**, with...frosts...in all **inland** areas...

EXERCISE 15

(a) at the seaside   **(b)** because it's going to be cold (10°) and rainy   **(c)** the children   **(d)** Poitiers
(e) because the temperature will be higher (17°) and although it will be cloudy, rain is not forecast   **(f)** take an umbrella

EXERCISE 17

(a) La fête **que** je préfère, c'est Pâques.   **(b)** J'ai un ami anglais **qui** a seulement quatre semaines de congé par an!   **(c)** On va voir une maison **qui** a un jardin clos.   **(d)** La petite annonce pour une résidence secondaire **que** j'ai vu**e** hier dans le journal me semble très bien. (Note the agreement on **vue**.)   **(e)** Le brouillard **qu'**on a eu hier s'est dissipé.   **(f)** Ce sont les températures basses **que** je ne supporte pas.   **(g)** On a enfin trouvé une maison **qui** nous plaît.   **(h)** On a de la chance. On a des voisins **qui** ont des enfants du même âge que les nôtres.

EXERCISE 18

(a) avais   **(b)** j'ai décidé   **(c)** j'ai acheté   **(d)** j'ai regardé   **(e)** suis allé(e)   **(f)** se trouvait   **(g)** était
(h) répondait   **(i)** était   **(j)** était   **(k)** j'ai décidé

EXERCISE 21

(a) they are left to their own devices / they don't know the country / they speak the language badly   **(b)** very well   **(c)** no

2 LE TOURISME

WHAT YOU WILL LEARN

▶ talking about the places you want to visit as a tourist

▶ asking for tourist information about a town

▶ something about what to see in Paris, Caen, Strasbourg and Lille

POINTS TO REMEMBER

One way to form the future tense in French is to use the appropriate part of the verb **aller** + an infinitive verb. This is very similar to the English 'going to do'.

Je <u>vais passer</u> le weekend à Paris.
I'm <u>going to spend</u> the weekend in Paris.

On <u>va visiter</u> le musée d'art moderne.
We're <u>going to visit</u> the museum of modern art.

BEFORE YOU BEGIN

In this unit you will read a couple of longish texts in French. Remember that for this sort of reading you are not expected to understand every word. Try to skim through the text once to get a gist of what it is about before you start reading in a bit more detail. Words that you need to know to understand the gist of it are given after the extract (these are generally referred to as 'key words'). You will find other vocabulary at the back of the book. When you come across words or phrases that you don't understand, see if you can work out more or less what they mean from the context, and ask yourself whether it is really vital that you understand them before you rush to consult your dictionary. Reading longer texts in French requires a slightly more relaxed approach than the one you may have been used to before, where you are keen to understand absolutely everything. Use key words, use the context to make intelligent guesses, and don't be afraid to skip over parts that you don't fully understand but which don't seem to be central to the overall understanding of the text.

*Le Sacré-Cœur,
Montmartre*

Paris semble vous plaire, alors?

Brigitte Vous êtes en vacances à Paris?

Alain Oui, je suis venu pour quelques jours passer des vacances à la capitale.

Brigitte Est-ce votre première visite?

Alain Non, ce n'est pas la première fois que je suis venu à Paris.

Brigitte Où êtes-vous descendu?

Alain Je suis descendu dans un hôtel, du côté des Champs-Élysées.

Brigitte Et maintenant vous…vous allez visiter…?

Alain Oui, oui. C'est-à-dire qu'avant, comme je travaillais, je…je n'avais pas la possibilité de…de visiter les musées par exemple, et là je viens pour…pour visiter Paris.

Brigitte Quels monuments allez-vous visiter cet après-midi?

Alain Je vais visiter les Invalides, l'Arc de Triomphe, le Musée Rodin…

Brigitte Mais Paris semble vous plaire, alors?

Alain Énormément, énormément, parce que…il y a beaucoup de…de choses à voir, beaucoup de…de découvertes artistiques à faire.

Paris semble vous plaire? You seem to like Paris? (literally 'Paris seems to please you?') **Plaire** means 'to be pleasing to', e.g. **ça me plaît**, 'I like it' (literally 'that is pleasing to me'); **s'il vous plaît**, 'please' (literally 'if it is pleasing to you').

je suis venu I have come. Remember that **venir**, like **descendre** (see below), forms its perfect tense with the verb **être**.

je suis venu pour quelques jours passer des vacances Alain's choice of word order here is rather strange. It would have been more usual to say **je suis venu passer quelques jours de vacances dans la capitale**.

quelques a few, some

premier (première) first

Où êtes-vous descendu? Where are you staying? (literally 'Where did you descend?') This use of **descendre** goes back to the days of horse-drawn carriages when one did literally descend from a carriage. The expression is rather dated now, although you might still hear **Dans quel hôtel êtes-vous descendu?**, 'Which hotel are you staying at?'.

du côté des Champs-Élysées near the Champs-Élysées

comme je travaillais as/since I was working

je n'avais pas la possibilité (de) I did not have the opportunity (to)

le musée museum

la découverte discovery

Le musée Rodin: Le Penseur

1

Without looking back at the text, listen to the dialogue again to discover the missing words, and write them in the grid below. Note that the order of the sentences does not always follow the order of the conversation. The framed letters spell out the name of one of the monuments that Alain is intending to visit. To avoid problems with accents – where words cross over – the French always complete word puzzles in capitals (because, more often than not, accents are not used on capitals).

a Est-ce votre ✍ visite?

b Quels ✍ allez-vous visiter cet après-midi?

c Vous êtes en ✍ à Paris?

d Je vais visiter les Invalides, l' ✍ , le Musée Rodin...

e Je n'avais pas la ✍ de visiter les musées par exemple.

f Mais Paris semble vous ✍ , alors?

g ...beaucoup de ✍ artistiques à faire.

h Il y a ✍ de choses à voir.

i Je suis ✍ dans un hôtel, du côté des Champs-Élysées.

| Answers p. 36 |

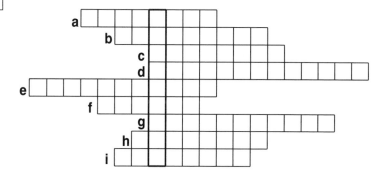

2

Without looking back at the text, listen again to **Dialogue 1** to help you answer the following questions.

a Est-ce qu'Alain est à Paris...
  i pour son travail?
  ii en vacances?

b Est-ce qu'il est déjà venu à Paris?
  i Oui.
  ii Non.

c Est-ce que son hôtel est...
  i sur les Champs-Élysées?
  ii près des Champs-Élysées?
  iii loin des Champs-Élysées?

d De quel musée parle-t-il?
  i du Musée Rodin.
  ii du Musée Grévin.
  iii du Musée des Gobelins.

e Pourquoi aime-t-il Paris?
  i Parce qu'il a beaucoup d'amis à Paris.
  ii Parce qu'il y a beaucoup de choses à visiter.

f A quoi s'intéresse-t-il en particulier?
  i A l'histoire.
  ii A l'art.
  iii A la cuisine.

| Answers p. 36 |

3 A friend has found the following information about some of the sights to see in Paris on the Internet:

L'Arc de Triomphe ▲
Place Charles-de-Gaulle – 75008 PARIS
Monument édifié à la gloire de l'armée française inauguré en 1836. Vue panoramique, musée lié à l'histoire du monument.

Les Invalides ▲
Esplanade des Invalides – 75007 PARIS
Construit de 1671 à 1676 l'hôtel royal des Invalides est un des monuments les plus prestigieux de Paris. Aujourd'hui affecté au ministère de la Défense mais occupé également par de nombreux organismes dépendant d'autres ministères, l'hôtel national des Invalides conserve toujours sa fonction première d'hôpital-hospice pour les grands invalides, combattants blessés ou mutilés de fait de guerre. Outre le musée de l'Armée, il abrite le musée des Plans-Reliefs et le musée de l'Ordre de la Libération ainsi que les deux églises: l'Église du Dôme avec le tombeau de Napoléon I et l'Église Saint-Louis des Invalides.

Notre-Dame de Paris (Cathédrale Trésor) ▲
6, place du parvis de Notre-Dame – 75004 PARIS
Chef-d'œuvre gothique, Notre-Dame conçue par Maurice de Sully a été construite entre les XIIᵉ et XIVᵉ siècles (1163–1345). Les distances routières de France se calculent à partir du point «0 km» situé sur le parvis.

Source: http://www.paris-touristoffice.com Dec. 1998

Le Panthéon ▲
Place du Panthéon – 75005 PARIS
Chef-d'œuvre de Soufflot (1713–1780). Ancienne église, le Panthéon est devenue à la Révolution la nécropole des grands hommes. 62 «grands hommes» y reposent notamment Voltaire, Rousseau, Hugo, Zola, Jaurès, Moulin. 1996: Malraux.
Visite de la nef, des parties hautes et de la crypte.

La Tour Eiffel ▲
Champ de Mars – PARIS
Le monument le plus connu dans le monde (317 mètres, 10 100 tonnes). Elle fut érigée par Gustave Eiffel en 1889 pour l'Exposition Universelle dont elle fut la vedette. Informations, rappels historiques et techniques à tous les étages, vitrine-bureau de Gustave Eiffel au 3ᵉ étage.

Grande Arche (Le Toit de la) ▲
92044 – PARIS-LA-DÉFENSE
L'Arche est un monument contemporaine, chef d'œuvre de technologie et d'architecture. Accès par les ascenseurs panoramiques, belvédère dominant la capitale, l'axe historique de Paris et sa région. Salle des maquettes, film sur la construction, galeries et salles d'expositions. Architecte: Otto von Spreckelsen (1989).

édifier to build, to construct
le parvis square in front of the portal
le belvédère panoramic viewpoint
la maquette model

According to this information, where would you go to:

a get a really good view of Paris? _____

b to see Napoleon I's tomb? _____

c to see the most well-known monument in the world? _____

d to visit the tombs of some of France's most famous people? _____ _____

e to see the point from which all road distances in France are measured? _____

Answers p. 36

4 Find the French for the following words or phrases from the text:

a masterpiece _____

b designed by _____

c the tomb _____

d one of the most prestigious monuments _____

e the most well known in the world _____

f on all the floors _____

Answers p. 36 **g** between the 12th and 14th centuries _____

5 Walter is on holiday in Strasbourg. Listen to the recording and put a cross by the places that he visited yesterday and the ones that he intends to visit today. You'll need:

en voyage d'affaires   on a business trip

	Yesterday	Today
a Le Musée des Arts Décoratifs		
b La Petite France		
c L'Ancienne Douane		
d La place Kléber		
e Le Musée des Beaux-Arts		
f La Banque de France		
g Le Musée Alsacien		
h L'Hôtel de Ville		
i Le Palais de l'Europe		
j La cathédrale		
k Le Palais du Rhin		

Answers p. 36

6 You are in Paris, talking to a new acquaintance (Brigitte). On the recording, Philippe will suggest in English what you should say to her. After a pause, Walter will give a correct version. You will need:

du côté de   near
comme je travaille   since I'm working

Les Invalides

DIALOGUE 2

Il faut commencer par la Tour Eiffel

Stéphane Pour voir Paris? Ah, il faut évidemment commencer par la Tour Eiffel – ça me paraît indispensable – et puis même, si on a le temps, on y montera. Ensuite, il me paraîtrait indispensable également d'aller voir l'Étoile, le Louvre et Notre-Dame – ça me paraît le minimum. Et puis, si possible, et parce que c'est vraiment très beau, faire le tour de Paris par les bateaux-mouches – c'est vraiment un spectacle un peu inhabituel, et, si on le fait en mai ou en automne, c'est quand même ravissant. Alors, voilà ce que je propose – et puis, si on a le temps, eh bien, on ira plus loin: on ira dans le Marais ou ailleurs.

Pour voir Paris? To see Paris? Note the infinitive used after **pour**. The infinitive is used after all prepositions (e.g. **de**, **à**, **pour**, etc.).

évidemment of course

ça me paraît that seems to me. A bit later Stéphane says **il me paraîtrait**, 'it would seem to me', using the conditional of **paraître**.

même even

on y montera we'll go up it (literally 'we will go up there'). **Montera** is in the future tense. If you have forgotten how to form the future tense, look at the Grammar Summary at the back of the book. You'll also come back to it in Unit 10.

l'Étoile the star-shaped **place Charles-de-Gaulle**, the site of the **Arc de Triomphe**

les bateaux-mouches river-boats on the Seine, named after their inventor, a Monsieur Mouche (**la mouche** is the French word for 'fly'). As you can't actually go around Paris by **bateau-mouche**, it would have been more accurate to say **On peut faire un tour en bateau-mouche**, 'We can go for a ride on a **bateau-mouche**'.

on ira plus loin we'll go further. This is another example of the future tense.

le Marais an area of Paris renowned for its many elegant houses from the 16th, 17th and 18th centuries. The word **le marais** means 'swamp'.

7

Answers p. 36

Listen to the dialogue again and label on the map the things that Stéphane says one should see in Paris, labelling them (a) to (f) in the order in which they are said.

8

Without looking back at the text, listen to the dialogue again and try to find the words or phrases in French for the following:

a for me it's a 'must' _____

b if we have the time _____

c next / after that _____

d as well _____

e if possible _____

f a bit out of the ordinary _____

g one has to admit that it's delightful _____

h here's what I suggest _____

Answers p. 36

i or elsewhere _____

9

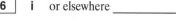

The following words from **Dialogue 2** all contain the sound **en** that you practised in Exercise 3 of Unit 1:

évidemm**en**t	**t**e**mps**	vraim**en**t
comm**en**cer	**en**suite	qua**nd**
indisp**en**sable	égalem**en**t	raviss**an**t

Listen to the words on the recording and repeat them, paying attention to the pronunciation of the nasal sounds.

10 Listen to Walter asking a tourist information officer, played by Brigitte, for some advice on the museums to see in Paris, and then answer the questions below in French. You don't have to use full sentences.

EXTRA VOCABULARY	**Qu'est-ce que vous nous**
On est ici à Paris pour trois	**conseilleriez?** What would
jours We're here in Paris	you advise us?
for three days. Note that, as	**conseiller** (**à quelqu'un de**) to
often happens in spoken	advise (someone to)
French, **on** is used instead of	**le cire** wax; **en cire**, 'made of
nous.	wax'

a Selon Brigitte, où faut-il aller en premier? Combien de temps conseille-t-elle d'y rester? _____

b Quels genres de musées, Walter aime-t-il?

_____

c Quels sont les musées que Brigitte conseille à Walter d'aller voir?

_____

_____

d Que peut-on voir au Musée Grévin?

Answers p. 36

_____

11 Imagine that you are showing a friend around Paris and discussing where you will go. Walter plays your friend and Philippe will tell you what to say. You will need:

on y montera	we'll go up it
On peut faire un tour en bateau-mouche	We can go for a ride on a bateau-mouche.
ça me paraît indispensable!	for me it's a 'must'!

Unit 2 Le tourisme

12 In **Dialogue 2** you heard Stéphane talk about **le Marais**. The next reading passage describes some of the elegant **hôtels** (or mansions) in **le Marais**. They are well worth a detour on a Paris trip. Here is a small selection:

Hôtel de Beauvais

Un bâtiment élégant, construit autour d'une cour ronde où on découvre une tête de diable sculptée au-dessus d'une porte d'écurie. On dit que la première propriétaire, Catherine Bellier, une femme très galante malgré sa laideur, initia le futur Roi Soleil (Louis XIV) aux secrets de l'amour. Elle avait alors quarante ans...
En 1673, le jeune Mozart et sa famille viennent habiter à l'hôtel pendant cinq mois.

Hôtel Carnavalet

Construit au milieu du XVIᵉ siècle, cet immense hôtel est décrit dans les lettres de l'auteur Madame de Sévigné qui en est locataire de 1677 à 1696. Elle mentionne entre autres son beau jardin et les écuries pour dix-huit chevaux...
Maintenant l'hôtel héberge le Musée de l'Histoire de Paris où on trouve des souvenirs de Madame de Sévigné et de la Révolution.

Hôtel de Sens

Un hôtel très ancien et un vrai bijou... Construit à la fin du XVᵉ siècle pour les archevêques de Sens, il est mis à la disposition de la reine Margot en 1605. Un horrible drame se produit à l'hôtel lorsqu'à cinquante-deux ans la reine préfère un jeune homme de dix-huit ans au comte de Vermond. Le comte tue son rival. Mais la vengeance de la reine est terrible: elle fait couper la tête du comte.

L'Hôtel de Sens

autour de around	**héberger** to house
une écurie stable	**un bijou** jewel
la laideur ugliness	**un archevêque** archbishop
initier to initiate	**tuer** to kill

When you have studied the descriptions of the **hôtels**, answer this little history quiz.

a Which **hôtel** was the temporary residence of a musical genius?

_____

b Was Madame de Sévigné the owner or the tenant of the Hôtel Carnavalet? _____

c Where can you find a sculpted devil above a stable door?

_____

d Whom did 52-year-old Queen Margot prefer to the Count of Vermond as a lover? _____

e What was her terrible vengeance against the Count of Vermond?

_____

f Where do you find memories of the Revolution?

_____

g What is Catherine Bellier said to have done at the age of forty?

Answers p. 36

_____

DIALOGUE 3

Le soir à Caen

Bernadette	Bonjour, Madame...
Hôtesse	Bonjour.
Bernadette	...euh, je viens vous voir pour savoir ce qu'il est possible de faire le soir à Caen et dans les environs.
Hôtesse	Oui, bien sûr. Je vais vous donner une petite documentation sur la ville – je vais d'abord vous donner un plan de Caen avec les rues piétonnes – principalement vous avez des restaurants...
Bernadette	Oui.
Hôtesse	...des bars d'ambiance, des soirées de jazz, piano. Et vous avez également une liste de restaurants sur ce fascicule.
Bernadette	D'accord.
Hôtesse	Euh voici. Euh, sur le dépliant, également, vous avez tous les monuments qu'on peut visiter, si vous êtes intéressée par une visite l'après-midi, si vous avez du temps devant vous...
Bernadette	Oui.
Hôtesse	Et puis ce petit dépliant donc qu'on appelle le Quatorze-Poche, où vous avez le programme des cinémas – vous avez plusieurs cinémas à Caen, dont le grand cinéma le Gaumont, qui a sept salles, donc là vous avez tout un programme, hein, c'est assez varié, hein...
Bernadette	D'accord.
Hôtesse	Les loisirs, les manifestations, donc le programme du théâtre...les discothèques sont indiquées également et puis de la publicité pour toute...les restaurants, les crêperies, et cetera.
Bernadette	D'accord. Je vous remercie beaucoup.

les environs (m.)   area, neighbourhood

la rue piétonne   pedestrian street

l'ambiance (f.)   atmosphere

la soirée   evening

le fascicule   (here) leaflet

le dépliant   leaflet

le Quatorze-Poche   literally 'Fourteen-Pocket', the name of the local 'what's on' magazine. 14 is the number of the **département** of **le Calvados** in which Caen is situated.

dont   (here) among them

la salle   (here) screen

varié(e)   varied

la manifestation   event

la discothèque   disco. Note also **la boîte de nuit**, 'night club'.

la publicité   advertising, advertisement

Le Vaugueux, Caen

TRAVAUX PRATIQUES

13 Overheard conversations: these people are all referring to attractions mentioned by the **hôtesse**. Decide which they are by listening to the dialogue again.

a "Nous avons vu *Le cinquième élément*. C'est un film extra! Mais la plupart des salles sont très petites depuis qu'il y en a sept." _____

b "Tu viens prendre un verre? Il y a une bonne ambiance et les cocktails au calvados sont fameux!" _____

c "J'ai mangé un poulet Vallée d'Auge qui était excellent!" _____

d "Nous sommes sortis samedi soir et nous avons dansé toute la nuit." _____

e "Il y avait Humphrey Lyttelton. C'était une soirée fantastique!" _____

f "Tiens, j'ai des billets pour leur nouveau spectacle. Tu as envie d'y aller?" _____

g "On a d'abord visité l'Église Saint-Pierre et ensuite on est allés au château, qui est très impressionnant." _____

h "C'était super. Il n'y avait pas de voitures, alors on a pu marcher tranquillement et regarder les magasins." _____

Answers p. 36

14 Here is an extract from the one of the tourist guides to Caen, which provides an overview of Caen, past and present. Read the text and answer the questions. You do not have to understand every word of the text to do so.

Caen, Ville d'Art

Au XIe siècle, Guillaume le Conquérant fit de Caen, 'une des cités les plus puissantes de son époque'. Il fit fonder de somptueux édifices autour desquels la ville se développa: le château fortifié et deux splendides abbayes – l'Abbaye aux Hommes, actuel siège de l'Hôtel de Ville, et l'Abbaye aux Dames, actuel siège du Conseil Régional.

L'Abbaye aux Hommes

Le 6 juin 1944, 3 millions d'hommes s'affrontèrent sur le sol de Normandie pour libérer l'Europe de la tyrannie. La ville fut détruite à 70% et brillamment reconstruite autour de son château, ses abbayes, ses jardins à la française et ses hôtels particuliers.

L'histoire avait désormais marqué Caen de son sceau: celui de la liberté et de la paix. On comprend, dès lors, que Caen, chef-lieu du Calvados et capitale régionale de la Basse-Normandie, soit ainsi devenue capitale de la paix et l'une des plus remarquables destinations touristiques de Normandie. Port de mer, passage idéal vers les îles britanniques; desservie quotidiennement par son aéroport et le car ferry.

Caen est aujourd'hui une métropole résolument contemporaine qui compte près de 200 000 habitants. Ville jeune et active – dont 40% de la population a moins de 25 ans – la ville de Caen figure au palmarès 91 'des villes les plus dynamiques de France' (magazine *l'Entreprise*) et 'ville la plus sportive de France' (journal *l'Équipe*). Centre universitaire et pôle de développement économique et scientifique réputé, un nombre croissant d'entreprises françaises et étrangères choisissent de s'implanter autour de grands laboratoires et des centres de recherches de la ville (CANIL – CNET – SEPT – CYCERON…on citera en particulier BOSCH – MOULINEX – PROMODES – PHILIPS…).

The tense used at the beginning of this brochure is the past historic (**le passé simple**): **fit** is the **il** part of the past historic of the verb **faire**, and **fut** is the **il** part of the past historic of the verb **être**. The past historic is a narrative tense that you will come across in writing, but that you will not need to use yourself. For more information, refer to the Grammar summary at the back of the book.

Guillaume William
fonder to found
l'abbaye (f.) abbey
actuel(le) current. This is a good example of a 'faux-ami'. It does not mean 'actual' (which is translated as **réel** or **véritable**). Similarly, **actuellement** means 'currently' or 'nowadays' and not 'actually' (which is translated as **en fait**).
le siège seat
détruit(e) destroyed (from the verb **détruire**, 'to destroy')
l'hôtel (m.) **particulier** (privately owned) mansion. The adjective **particulier** means 'private', and the noun **un particulier**

means 'a (private) individual'.
désormais from then on
le sceau seal
dès lors from then on
desservir (transport) to serve; **être desservi par**, 'to be served by'
quotidiennement daily
dont 40% de la population 40% of whose population (literally 'of which 40% of the population')
le palmarès list of award winners
croissant(e) growing. The infinitive **croître** means 'to grow'.
s'implanter to establish itself
citer to cite, to name

a Who made Caen into one of the most powerful cities of its time?
_____

b What were the buildings in which the town hall and the regional council are housed originally built as? _____

c What happened to the city of Caen during the Second World War?
_____

d How did the city recover? _____

e Since the war, what two things has Caen been associated with?
_____

f What makes Caen a good tourist destination?
_____
_____

g What characterises the population of Caen today?
_____

h What awards has Caen won in the past?
_____
_____

i What draws national and international companies to set up in Caen?
_____
_____
_____

Answers p. 36

 15 Walter has written to a friend to tell him a bit about the night-life in Nice. Listen to the recording of him talking to one of the **hôtesses** at the Nice tourist office, and then fill in the blanks in the letter.

Bonjour de Nice où je passe quelques jours. Je travaille le jour, mais le soir je sors. Il y a beaucoup de choses à faire ici. Il y a des _____a-bars, des _____b-spectacles, et des cafés-_____c. Il y a également un _____d, des _____e et bien sûr des _____f. Le soir la Baie des Anges est _____g et c'est magnifique. Il y a pas mal de restaurants ouverts près de la plage, et il y en a même qui organisent des _____h thème.
A bientôt,
         Walter

Answers p. 36

 16 You are at the tourist office in Lille, asking Brigitte what there is to do in the evening. Philippe will suggest what you should say. You will need:

on m'a dit aussi que   I've also been told that
l'orchestre de Lille   the Lille orchestra

Place des Patiniers, Lille

GRAMMAIRE

ce qui and ce que

Ce qui and **ce que** are distinguished from each other in the same way as **qui** and **que**, so if you don't remember the rules for using **qui** and **que**, look back at the **Grammaire** in Unit 1 before reading what follows.

Ce qui and **ce que** can be translated in English by 'what' or '(that) which'. Here are some sentences with **ce qui**:

On m'a dit qu'il y a de l'ambiance aussi sur les plages la nuit, <u>ce qui</u> m'a beaucoup étonné.
I was told that there's also a lively atmosphere on the beaches at night, <u>which</u> really surprised me.

Je lui ai conseillé d'aller voir la Tour Eiffel d'abord, <u>ce qui</u> me paraît indispensable.
I advised him/her to go and see the Eiffel Tower first, <u>which</u> to me seems like a 'must'.

Ce qui refers to a whole phrase or idea that is the *subject* of a verb:

On dit que la reine Margot a fait couper la tête du comte de Vermond, <u>ce qui</u> est atroce.
It is said that Queen Margot had the Count of Vermond's head cut off, <u>which</u> (i.e. the whole incident) is quite horrific.

<u>Ce qui</u> est intéressant, c'est que la ville de Caen est une ville très jeune.
<u>What</u> (i.e. a fact which) is interesting, is that the city of Caen is a very young city.

And here are a couple of examples of the use of **ce que** (or **ce qu'** as it becomes before a vowel or a silent **h**) that you saw in the unit. In **Dialogue 2**:

Alors, voilà <u>ce que</u> je propose...
Right, here's <u>what</u> I suggest...

In **Dialogue 3**:

...je viens vous voir pour savoir <u>ce qu'</u>il est possible de faire...
...I have come to see you to find out <u>what</u> it is possible to do...

Ce que refers to the *object* of a verb:

Je ne comprends pas <u>ce que</u> vous dites.
I don't understand <u>what</u> (that which – the object of **dire**) you are saying.

17 In the following sentences, fill in the spaces with **ce qui**, **ce que** or **ce qu'**.

a   Dites-moi _____ vous voulez.
b   On a vu la Tour Eiffel illuminée, _____ m'a beaucoup impressionné.
c   Il ne sait pas _____ elle pense de sa visite.
d   _____ est bien, c'est qu'il y a beaucoup de choses à faire à Nice le soir.
e   Il faut passer au moins une journée au Louvre. C'est _____ je t'ai dit!
f   On ne sait pas _____ on va faire cet après-midi.

| Answers p. 36 |

The perfect tense with être

In this unit and Unit 1 there were several examples of the use of the perfect tense with **être**. Look at some of the examples and see if you can remember the rule:

...je <u>suis</u> venu pour quelques jours...
I have come for a few days.

Je <u>suis</u> descendu dans un hôtel...
I am staying at a hotel...

Vous <u>êtes</u> allés où?
Where did you go?

...on <u>est</u> partis là-bas...
...we went there...

For the vast majority of verbs, the perfect tense is formed by the relevant part of the verb **avoir**, followed by the past participle (e.g. **j'ai vu**, 'I saw / I have seen'). For reflexive verbs (you'll learn more about these in Unit 6) and the following verbs, the verb **être** is used instead of **avoir**:

aller	venir/revenir
arriver	partir
entrer/rentrer	sortir
monter	descendre
rester	tomber
naître	mourir

Don't forget that when the verb **être** is used, the past participle 'agrees' with the subject of the verb. This means that if the subject is feminine, you add an **e** to the past participle:
Elle est tombé<u>e</u>.

If the subject is feminine plural, you add an **es**:
Elles sont tombé<u>es</u>.

If the subject is masculine plural (or mixed sex plural), you add an **s**:
Ils sont tombé<u>s</u>.

18 Hélène is recounting the tiring day that she spent in Paris. Put the verbs in square brackets into the perfect tense, choosing whether they take **avoir** or **être**. Don't forget to make the past participles agree where necessary when you use **être**.

Que je suis fatiguée! Je (partir) _____ₐ d'ici à six heures ce matin, et je (prendre) _____b le train pour aller à Paris. Une fois là-bas, je (visiter) _____c le Musée Rodin, et ensuite je (monter) _____d voir le Sacré Cœur. Ensuite je (rencontrer) _____e une amie et nous (aller) _____f manger dans un restaurant. Nous (rester) _____g deux heures au restaurant, et ensuite nous (aller) _____h aux Halles faire quelques achats. En fin d'après-midi, nous (rencontrer) _____ᵢ le mari de mon amie et nous (aller) _____j voir un film ensemble. Je (prendre) _____k le train de 21 heures après un dîner rapide et je (revenir) _____l à la maison à minuit!

Answers p. 36

EXPRESSIONS IMPORTANTES

Vous êtes en vacances?	Are you on holiday?
Est-ce votre première visite?	Is it your first visit?
Dans quel hôtel êtes-vous descendu?	Which hotel are you staying at?
du côté des Champs-Élysées	near the Champs-Élysées
évidemment	of course, obviously
ça me paraît indispensable	that seems to me to be essential / a 'must'
c'est ravissant	it's delightful
également	as well
voilà ce que je propose	here's / this is what I suggest
je vous conseillerais (de)	I would suggest / advise you (to)
si vous êtes intéressé par…	if you're interested in…
je vous remercie beaucoup	thank you very much
le dépliant	leaflet
la publicité	advertising, advertisement
quotidiennement	daily
désormais	from then on

*A Miró sculpture at the
Maecht Foundation
near Nice*

19

Imagine that you are planning a trip to Paris. On the recording you will hear Walter asking you the questions below. Answer them as spontaneously as possible. Brigitte and Walter give their version of the conversation later on the recording.

- Où allez-vous passer vos vacances cette année?
- Est-ce que c'est votre première visite?
- Dans quel hôtel allez-vous descendre?
- Qu'est-ce que vous allez visiter comme monuments et musées?
- Et qu'est-ce que vous allez faire le soir?

If you are working with a partner, take turns in asking and answering the questions before listening to Brigitte and Walter on the recording.

20

Explain in French as much as you can about the night-life in your town or area. Then listen to the recording, where you will hear Brigitte talking about the night-life in the town where she lives.

La promenade des Anglais, Nice

21

You may have heard of **gîtes** – inexpensive self-catering homes in the French countryside. This extract is from an interview with Madame Gigante, a representative of **Gîtes de France**, the main organisation which rents these properties.

décrire   to describe
l'hébergement (m.)   lodging
se mêler   to mix

In which order does Madame Gigante make the following statements?

a   A gîte holiday enables you to get involved in everyday French life.

b   A gîte may be a farm which has been renovated in the style of the region, or else a house in a village.

c   A holiday in a gîte gives you contact with the people in the village.

d   Gîtes are not expensive.

e   Most gîtes are in the country.

Transcript p. 216

Answers p. 36

EXERCISE 1

(a) PREMIERE (b) MONUMENTS
(c) VACANCES (d) ARC DE TRIOMPHE
(e) POSSIBILITE (f) PLAIRE
(g) DECOUVERTES (h) BEAUCOUP
(i) DESCENDU. The framed letters spell INVALIDES.

EXERCISE 2

(a) ii (b) i (c) ii (d) i (e) ii (f) ii

EXERCISE 3

(a) L'Arc de Triomphe or Le Toit de la Grande Arche (b) Les Invalides (c) La Tour Eiffel
(d) Le Panthéon (e) the square in front of the portal of Notre-Dame de Paris

EXERCISE 4

(a) chef-d'œuvre (m.) (b) conçu(e) par (c) le tombeau (d) un des monuments les plus prestigieux (e) le plus connu dans le monde
(f) à tous les étages (g) entre les XIIe et XIVe siècles

EXERCISE 5

Yesterday: **b, d, i, j**; Today: **e, g**.

EXERCISE 7

(a) la Tour Eiffel (b) l'Étoile (c) Le Louvre
(d) Notre-Dame (e) les bateaux-mouches (f) le Marais

EXERCISE 8

(a) ça me paraît indispensable (b) si on a le temps (c) ensuite (d) également (e) si possible (f) un peu inhabituel (g) c'est quand même ravissant (h) voilà ce que je propose
(i) ou ailleurs

EXERCISE 10

(a) au Louvre; une journée au minimum (b) les musées scientifiques et les musées d'histoire
(c) la Cité des Sciences et de l'Industrie, le Muséum National d'Histoire Naturelle, le Musée Grévin (d) 500 personnages de l'histoire de la France en cire

EXERCISE 12

(a) Hôtel de Beauvais (b) the tenant (c) in the courtyard of the Hôtel de Beauvais (d) a young man of 18 (e) she had the count's head chopped off (f) at the Hôtel Carnavalet
(g) initiated Louis XIV into the secrets of love

EXERCISE 13

(a) le Gaumont / cinéma (b) bar d'ambiance
(c) restaurant (d) discothèque (e) soirée de jazz (f) théâtre (g) monuments (h) rues piétonnes

EXERCISE 14

(a) William the Conqueror (b) abbeys (c) 70% destroyed (d) brilliantly rebuilt (e) freedom and peace (f) sea port; ideal place from which to go to Britain; planes and car ferries daily (g) youth – 40% of population under 25 (h) one of the most dynamic cities in France in 1991, voted most sporty city in France by *l'Équipe* (i) university city, well-known centre for economic and scientific development; large laboratories and research centres

EXERCISE 15

(a) piano (b) dîners (c) théâtres (d) casino
(e) cabarets (f) cinémas (g) illuminée
(h) soirées à

EXERCISE 17

(a) ce que (b) ce qui (c) ce qu' (d) Ce qui
(e) ce que (f) ce qu'

EXERCISE 18

(a) je suis partie (b) j'ai pris (c) j'ai visité
(d) je suis montée (e) j'ai rencontré (f) nous sommes allées (g) nous sommes restées
(h) nous sommes allées (i) nous avons rencontré (j) nous sommes allés (now that there is a mixed sex group, the masculine plural ending is used) (k) J'ai pris (l) je suis revenue

EXERCISE 21

The correct order is: **e, b, d, c, a**.

3

L'ENVIRONNEMENT

WHAT YOU WILL LEARN
▶ how to talk about environmental problems
▶ how to express your own opinion
▶ how to say what would happen *if* something else happened

POINTS TO REMEMBER
In this unit you will come across many instances where people are *comparing* things. Here is a reminder of how to compare things in French using **plus...que**, **moins...que** and **aussi...que**:

Le train est <u>plus rapide que</u> la voiture.
The train is <u>faster than</u> the car.

On dit que les Français sont <u>moins conscients</u> des problèmes de l'environnement <u>que</u> les Danois.
It is said that the French are <u>less conscious</u> of environmental problems <u>than</u> the Danes.

A mon avis, la côte atlantique est <u>aussi polluée que</u> la côte méditerranéenne.
In my opinion, the Atlantic coast is <u>as polluted as</u> the Mediterranean coast.

BEFORE YOU BEGIN
In this unit you will again read some long, written texts, which will contain words that you may not have come across before. Don't forget that French, like English, has many words which have come into the language from Latin. This means that very often you will find 'transparent' words – i.e. words whose meaning will be easy to guess. For example, nouns ending in **-tion** or **-ment** very often have very close English equivalents. Here are some examples that you will see in the texts: **l'incinération** ('incineration', 'burning'), **la construction** ('construction', 'building'), **l'installation** ('installation', 'putting in'), **le traitement** ('treatment', 'processing'), **le changement** ('change'), **l'environnement** ('environment').

Sometimes you will have to work a bit harder to deduce the meaning of a word, by using the context to reject what might be your first guess. So, for the word **la récupération** in the context of recycling, you would reject the translation 'recuperation' (in the health sense) in favour of 'salvage' or 'reclamation'.

In this unit you will also begin to look at word families as a way of increasing your vocabulary and learning how to make guesses about the meanings of what may at first appear to be unfamiliar words.

DIALOGUE 1

Les Français et l'environnement

Laurence Est-ce que les Français s'intéressent assez à l'environnement?

Bruno Je ne sais pas… Bon, si je prends l'exemple dans ma famille… Il y a, par exemple, mon oncle et ma tante, c'est vrai que…ils sont très portés sur le recy-, le recyclage! Ils mettent les épluchures d'un côté, ils en font un tas (de…) pour le compost dans le jardin… Qu'est-ce qu'ils font d'autre? Bon, ils mettent les bouteilles en verre, les bouteilles en plastique, les journaux dans les containers. Ils sont…ils vont même jusqu'à différencier entre le verre vert, le verre blanc, le verre marron…tout ça! Euh… Eux sont très consciencieux, mais dans l'ensemble, je sais pas si la majorité des Français sont aussi conscients du problème, s'ils font vraiment autant d'efforts que, par exemple, les Allemands ou les Danois… Je crois…beaucoup ne s'en préoccupent pas trop.

Laurence Mais toi, personnellement, tu trouves que ce…ce serait une bonne idée de s'y intéresser plus?

Bruno Du point de vue de la rentabilité industrielle, j'ai mes doutes, je crois que ça risque même de coûter plus cher que de les…entasser! Il y a aussi la possibilité de les brûler et de s'en servir pour le chauffage urbain, par exemple. Euh, ça, je crois que ça se fait dans certaines villes. Mais après, les fumées causent un autre problème de pollution!

s'intéresser à to be interested in

être porté sur to be keen on

les épluchures (f.) peelings

un tas pile

Qu'est-ce qu'ils font d'autre? What else do they do?

ils vont même jusqu'à… they even go so far as to…

différencier entre to differentiate between

le verre glass

marron brown

eux *they* (stressed). See p. 184 of the Grammar summary for a full explanation of emphatic pronouns.

consciencieux (consciencieuse) conscientious

dans l'ensemble by and large

être conscient(e) de to be conscious of

faire un effort to make an effort; **s'ils font vraiment autant d'efforts que…** 'if they really make as much of an effort as…'

se préoccuper de to be concerned about; **beaucoup ne s'en préoccupent pas**

trop, 'many aren't terribly concerned about it'. The **en** here means 'about it'. More about **en** in Unit 5.

que ce serait une bonne idée de s'y intéresser plus that it would be a good idea to be more interested in it. The **y** here means 'in it'. More about **y** in Unit 4.

du point de vue de from the point of view of

la rentabilité profitability

j'ai mes doutes I have my doubts

ça risque même de coûter plus cher que there's a chance that it might cost more than

entasser to pile up

brûler to burn

se servir de to use. Here **s'en servir** means 'to use them'. More about **en** in Unit 5.

le chauffage heating

ça se fait it is done

les fumées (f.) fumes; **la fumée**, 'smoke'

1

Listen again to Bruno explaining how his aunt and uncle sort out their rubbish. In French write the names on these labels for the different containers for their rubbish.

a

b

c

d

e

f

Answers p. 54

2

Now listen to the dialogue again and answer these questions in French. You don't need to use full sentences.

les déchets (m.)   waste material, rubbish

a Selon Bruno, est-ce que la majorité des Français se préoccupent des problèmes de l'environnement? ____

b Selon lui, qui est plus conscient du problème que les Français? _____

c Que dit-il à propos de la rentabilité industrielle du recyclage? _____ _____

d Bruno dit qu'on peut brûler les déchets pour le chauffage urbain. Selon lui, quel est l'inconvénient de cette solution? _____

Answers p. 54

Glass recycling container

3   Now Walter is going to ask you some questions about the extent to which your town is interested in recycling. Philippe will prompt you. You will need:

> **on n'est pas** we're not
> **il faut vraiment faire un effort!** you really have to make an effort! /
> you really have to try hard!

4 Here is an article discussing some approaches to waste management.

Recyclage, la voie de la raison

Consommez, consommez… Nous ferons le reste! Eh bien non. Les économies industrialisées étouffent aujourd'hui sous le poids de leurs déchets. Après avoir sans vergogne utilisé de façon anarchique les matières premières et dépensé de l'énergie, nous raisonnons enfin aujourd'hui – avec réticence – en termes « d'économies ».

Reculer les limites du recyclage

Le recyclage ne peut traiter tous les déchets. La réduction à la source et la réutilisation sont toutes deux supérieures du point de vue des effets globaux sur l'environnement. Mais s'ils sont associés à de rigoureux efforts pour poursuivre ces deux démarches, le recyclage et le compostage sont une solution moins chère et plus efficace que l'incinération, et qui peut ramener le besoin en décharge à un strict minimum. Par ailleurs, les programmes de recyclage des collectivités, notamment ceux qui impliquent le tri des ordures par les familles, peuvent contribuer à rendre les gens plus conscients du volume et de la nature des déchets qu'ils engendrent. Cela s'accompagne nécessairement d'un effort d'information vis-à-vis des consommateurs, ainsi que d'une mise à disposition de moyens nécessaires et suffisants pour faciliter la démarche des familles participant à la chaîne. Si la construction de nombreuses déchetteries et la multiplication des collectes sont effectives, cela reste insuffisant en France pour que la population puisse, sans un effort majeur (faire trente kilomètres pour jeter tel ou tel matériau), participer activement au recyclage. A l'exception du verre, qui se distingue par l'efficacité de la chaîne de récupération et de recyclage. Notons toutefois que plus de la moitié du verre part encore à la décharge! Là, il faut plus encore faire appel au sens civique et perdurer dans l'installation progressive de conteneurs à proximité des foyers. Les Français ont encore des progrès à faire dans le domaine du recyclage, qui reste une solution de traitement des déchets relativement marginale. Ce que l'on suggère à la population française, certaines villes étrangères imposent à leurs habitants. Ainsi, dans une commune allemande, Heidelberg, les ménages doivent séparer leurs déchets alimentaires des déchets de jardin (qui représentent globalement le quart des ordures), et il est expressément recommandé de déposer papiers et verre dans les conteneurs prévus à cet usage. Cette commune atteint ainsi un taux de recyclage de l'ordre de 37 %. Il faut savoir qu'en Allemagne, la population s'oppose de plus en plus à l'utilisation de l'incinération comme moyen de traitement des résidus.

étouffer sous le poids de to choke/suffocate under the weight of
sans vergogne shamelessly
la matière première raw material

la raison reason; **raisonner**, 'to reason';
raisonner en termes d'économies, 'to think in economic terms'
reculer to move back, to push back

la démarche   approach, step

par ailleurs   in addition

le tri   sorting; from the verb **trier**, 'to sort'

rendre les gens plus conscients de   to make people more conscious of. When **rendre** is used in conjunction with an adjective, it usually translates into English as 'to make + adjective'. For example, **rendre heureux** means 'to make (someone) happy'.

engendrer   to generate

la mise à disposition   (act of) making available

la chaîne   chain

la déchetterie   waste reception centre

pour que la population puisse   for the population to be able to (literally 'so that the population can'). **Puisse** is the subjunctive form of the verb **pouvoir**, used here because after **pour que** the verb must be in the subjunctive.

récupération   reclamation, salvage

perdurer   to continue

à proximité des foyers   near people's homes / near to where people live. **Le foyer** means 'the home'; **une femme au foyer** means 'a housewife'.

alimentaire   food (adjective); **l'aliment** (m.) is the noun meaning 'food'

prévu(e) à cet usage   intended/provided for this purpose. The verb **prévoir** means 'to provide for'.

atteindre   to reach, to achieve

le taux de   level of

According to the article, are the following statements true or false?

		True	False
a	Not all waste products can be recycled.	☐	☐
b	The writer advocates reducing the amount of waste products created at the outset and reusing products.	☐	☐
c	The burning of waste products is cheaper and more effective than recycling and composting.	☐	☐
d	Encouraging people to sort their own rubbish does not make them more aware about the amount of rubbish that they create themselves.	☐	☐
e	Since the number of waste reception centres has been increased in France, people no longer have to travel very far to take an active part in recycling.	☐	☐
f	Even though glass recycling is very efficient in France, more than half of all glass ends up in rubbish dumps.	☐	☐
g	In France recycling is still considered to be a rather marginal solution to the treatment of waste.	☐	☐
h	In certain towns outside France, such as Heidelberg, people have the choice whether or not to separate their household waste from their garden waste.	☐	☐
i	The Germans are more and more in favour of using burning as a means of treatment of waste.	☐	☐

Answers p. 54

Les transports en commun ou la voiture particulière?

Anne	J'étais bien contente de prendre le métro aujourd'hui, tu vois!
Bruno	Ah oui? Moi, je supporte pas le métro!
Anne	Et pourquoi donc?
Bruno	Il y a beaucoup trop de monde! Et puis, il tombe tout le temps en panne…euh… Non, franchement, je préfère prendre ma voiture.
Anne	Et ta voiture, elle pollue bien en attendant, hein? Tu penses à ça?
Bruno	Oh ben, on a un pot catalytique et puis…on s'en sortira toujours quand même!… Il y a du vent!
Anne	Il y a du vent!
Bruno	Ça nettoie!
Anne	Et tu mets combien de temps pour aller de ton boulot…euh…de chez toi au boulot?
Bruno	Finalement, je mets moins longtemps en voiture qu'en prenant les transports publics.
Anne	Non!
Bruno	Le bus, le train, le métro. Oui! Oui, oui, oui, oui. Et, euh, je déteste les gens autour de moi.
Anne	Ah, tu préfères les gens autour de toi dans ta voiture que dans le métro?
Bruno	Ouais! parce que j'écoute de la musique et puis je peux réfléchir à ce que je veux!
Anne	T'as jamais pensé que tu faisais du bruit avec ta voiture, que ça, ça faisait de plus en plus…ça polluait de plus en plus la ville, que…que (les gens)…
Bruno	A mon avis, tout ça, c'est des exagérations, franchement…
Anne	Ah bon!
Bruno	Ouais, ouais, ouais. Par exemple, ça m'énerverait vraiment s'il fallait que je ne prenne pas ma voiture un jour sur deux, l'alternance, ça c'est ridicule, cette histoire!
Anne	Alors là, je suis vraiment pas d'accord avec toi, tu vois! Parce que, l'autre jour, j'ai mis juste…au moins deux heures pour aller à…d'un point à un autre, premièrement! Et, euh, à chaque fois que je prends la voiture, pour une raison ou une autre, je reste coincée entre deux gros camions…des gens qui passent avec leurs gros…grosses motos et les…qui font du bruit…qui…, moi, ça m'énerve! Ça m'énerve, j'ai envie de sortir de la voiture, de la plaquer là et de commencer à marcher et de la laisser en plein milieu de la…de la ville!
Bruno	Mais si tout le monde faisait comme toi, ça provoquerait une crise économique abominable, pense à…
Anne	Ah oui?
Bruno	…à l'industrie automobile! C'est pour ça, d'ailleurs, que les pouvoirs publics ne…n'organisent pas mieux les trans-, les transports en commun! C'est parce que c'est bien trop utile financièrement!
Anne	Oui! Tu penses pas que, quelque part, ça serait mieux de laisser la voiture pour la semaine près de chez toi et de la prendre pour aller, euh…je sais pas, à la campagne, au bord de la mer?
Bruno	Pour aller polluer la campagne!
Anne	Ah!

les transports (m.) **en commun** public transport

la voiture particulière private car

supporter to stand; **je ne supporte pas**, 'I can't stand'

pourquoi donc? why not? / why's that, then?

tomber en panne to break down; **il tombe tout le temps en panne**, 'it's always breaking down'

elle pollue bien en attendant in the meantime it's causing a lot of pollution

un pot catalytique catalytic converter

on s'en sortira toujours, quand même! come on, we'll always cope! **S'en sortir** means 'to pull through, to cope, to manage'.

tu mets combien de temps…? how long does it take you…?. **Mettre du temps (à faire quelque chose)** means 'to take time (to do something)'.

le boulot work (slang term, very commonly used)

je déteste les gens autour de moi I hate (having) people around me

réfléchir à ce que je veux to think about whatever I like. **Réfléchir** means 'to think about'.

T'as jamais pensé que…? Have you never thought that…? The 'correct' or full way of saying this would be **Tu n'as jamais pensé que…?**

faire du bruit to make a noise

à mon avis in my opinion

franchement frankly, to be honest

ça m'énerverait it would annoy me. This is the conditional form of the verb **énerver**, 'to annoy, to irritate'. See the **Grammaire** near the end of the unit for more information on the conditional.

s'il fallait que je ne prenne pas if I wasn't able/allowed to take. **Prenne** is the subjunctive form of **prendre**. The subjunctive form of the verb is always needed after the expression **il faut que** (or, in this case, the imperfect form **il fallait que**).

un jour sur deux every other day

l'alternance (f.) (literally) alternating; the system under which, when the levels of pollution are very high, car owners in Paris are only allowed to use their cars on alternate days. One day cars with even number plates are allowed on the roads, and the following day cars with odd number plates are allowed on the roads.

c'est ridicule, cette histoire! the whole thing is ridiculous! **Une histoire** usually means 'story', but here it has the sense of 'matter' or 'affair'.

Alors là, je (ne) suis vraiment pas d'accord avec toi…! Now on that point, I really don't agree with you! **Alors là** is an expression that reinforces what comes next. Its translation into English will depend very much on the context.

à chaque fois que every time that

coincé(e) entre stuck/trapped/wedged between

plaquer (slang) to ditch, to get rid of

j'ai envie de sortir de la voiture, de la plaquer là I feel like getting out of the car, ditching/leaving it right there

si tout le monde faisait comme toi, ça provoquerait une crise économique abominable if everyone acted like you, it would cause a horrendous economic crisis; **provoquerait** is another example of a conditional. More on this in the **Grammaire** at the end of this unit.

C'est pour ça, d'ailleurs… *That's* why… **D'ailleurs** usually means 'moreover' or 'besides'. Here it stresses the phrase **c'est pour ça**.

les pouvoirs publics authorities

The Paris métro

---

5 Bruno puts forward a whole host of arguments as to why he prefers to use his car rather than public transport. Give details in English under the following headings:

a Why he doesn't like the metro/bus/train:

- _____
- _____
- _____

b Why he prefers to use his car:

- _____
  _____
- _____
- _____

c The arguments he uses against the fact that his car is polluting the atmosphere:

- _____
- _____
- _____

d Why he thinks that the authorities don't organise public transport better:

- _____
  _____

Answers p. 54

6 On the basis of what Brigitte and Walter say in their conversation, choose which of each pair of statements the speakers would most likely have said.

a Walter
  i La pollution atmosphérique à Paris m'inquiète beaucoup.
  ii Je ne me préoccupe pas trop de la pollution atmosphérique.

b Walter
  i Les transports en commun sont très bien organisés.
  ii Les transports en commun ne sont pas très bien organisés.

c Brigitte
  i Je ne supporte pas les embouteillages à Paris.
  ii Les embouteillages à Paris ne me perturbent pas trop.

d Brigitte
  i Je vais au travail en métro.
  ii Je vais au travail en voiture.

e Walter
  i Pour aller de A à B on met plus longtemps en métro qu'en voiture.
  ii Pour aller de A à B on met moins longtemps en métro qu'en voiture.

f Brigitte
  i Même si la politique des transports ne change pas, je crois qu'on s'en sortira.
  ii Si la politique des transports ne change pas, on va avoir beaucoup de problèmes à l'avenir.

Answers p. 54

7 Now it's your turn to discuss your preferences in methods of travel. Philippe will prompt you. You will need:

on met moins longtemps   it takes less time

Pollution atmosphérique et transports

Les transports, dans leur fonctionnement actuel, représentent une des agressions essentielles contre l'environnement…contre l'Homme.

Outre le bruit, nuisance numéro un pour les Français, l'envahissement de l'espace, avec son cortège de destruction de paysages, de zones naturelles ou urbaines, la consommation de richesses naturelles non renouvelables (minerais et produits pétroliers), les transports sont les principaux responsables des pollutions atmosphériques. Le choix fait en faveur des transports routiers aggrave la situation, hypothèque l'avenir et est inconciliable avec un objectif de développement durable. Ils sont, en effet, les plus gourmands en énergie, les plus polluants, les plus dévoreurs d'espace.

La pollution globale et l'effet de serre

Le risque de perturbation climatique (réchauffement global, modification locale importante, montée des eaux…) par accroissement de l'effet de serre est un des risques majeurs pour l'avenir de notre planète.

En France, le secteur des transports représente plus du tiers des émissions de CO_2…dont 87% pour la route.

Les progrès techniques ne suffisent pas à compenser l'augmentation de trafic.

Ainsi les émissions dues aux transports routiers ont augmenté de 39% entre 1980 et 1993. Pour les camions, la baisse de la consommation spécifique de 0,8% par an est à mettre en rapport avec une hausse de 5,2% par an de circulation.

La voiture particulière contribue à 63% des émissions de CO_2, dont la moitié en ville.

Pour réduire les pollutions il faudra définir une politique générale des transports privilégiant le rail et la voie d'eau, et, en zones urbaines, les transports collectifs (notamment le tramway) et les deux-roues. Il faudra aussi réduire les pollutions de chacun des véhicules par le progrès des moteurs et par le choix de carburants moins polluants.

outre in addition to

la nuisance (environmental) pollution, **nuire à** means 'to harm' or 'to damage'

routier (routière) road (when qualifying another noun), e.g. **le tunnel routier** means 'road tunnel' and **le réseau routier** means 'road network'

hypothéquer (here) to endanger, to put at risk

inconciliable irreconcilable

gourmand(e) greedy

l'effet (m) **de serre** greenhouse effect

le tiers third ($1/3$)

dont of which. (You will be learning more about **dont** in Unit 8.)

dû (due) à due to

la baisse de…est à mettre en rapport avec une hausse de… the decrease in…should be seen in conjunction with the increase in…

privilégier to favour

la voie d'eau waterway

la roue wheel; **le deux-roues**, 'bicycle' (literally 'two wheels')

le carburant fuel

Look at the French verb in the first column and find the related noun in the text. Then work out its meaning in English. Don't worry if you're not sure of the gender of the nouns. The first one is done for you.

	French verb	English verb	Noun in text	English noun
a	envahir	to invade	l'envahissement	invasion
b	détruire	to destroy		
c	consommer	to consume		
d	développer	to develop		
e	perturber	to disrupt		
f	réchauffer	to heat/reheat		
g	monter	to rise		
h	accroître	to increase		
i	augmenter	to increase		
j	baisser	to reduce		
k	hausser	to raise		

Answers p. 54

 9 Answer these questions in English based on the article you read for Exercise 8.

a What do the French consider to be the worst form of environmental pollution? _____

b What causes most air pollution? _____

c According to **Les Amis de la Terre**, what policy choice makes the air pollution situation worse? _____

d What are the undesirable effects of this choice? _____

_____

_____

_____

e What is one of the major risks for the future of our planet?

_____

_____

f What is the link between CO_2 emissions and the transport sector?

_____

_____

g Why are technical developments unable to keep apace with the problem?_____

_____

h What steps do **Les Amis de la Terre** advocate to reduce pollution?

_____

_____

_____

Answers p. 54
_____

DIALOGUE 3

La plage devient de plus en plus sale

Marika Salut, Mireille! Tu as bronzé! Tu es partie en vacances?

Mireille Oui, je suis partie sur la…côte atlantique, à Biscarosse, chez mes parents, dans le sud-ouest de la France. Euh…mais alors, cette année, j'étais pas du tout contente de cette expérience-là.

Marika Pourquoi?

Mireille Parce que, en fait, la plage devient de plus en plus sale, enfin c'est absolument plus un plaisir de marcher le long de l'eau, de traverser la plage. Je me suis coupé le pied sur des morceaux de, de verre brisés qui se trouvaient dans le sable et je ne te mentionne pas tous les sacs-poubelles que les gens laissent là. C'est la nouvelle manière de sortir, les gens font, s'ils le peuvent, un petit feu de bois, alors que c'est illégal, et ils laissent leur nourriture ou ils laissent des sacs-poubelles derrière eux, et toi, le lendemain, tu vas te baigner le matin, et tu es obligée de marcher entre les sacs-poubelles.

Marika Ouais, mais tu sais, c'est pareil sur la Méditerranée, c'est même pire, en fait. Moi, je vais à Biarritz maintenant parce que, bon j'avais l'habitude plutôt d'aller à Collioure ou au long de la côte méditerranéenne, mais ce n'est plus tellement possible et, à mon avis, l'Atlantique, c'est encore beaucoup moins pollué que la Méditerranée. Enfin, moi, j'ai toujours trouvé ça beaucoup plus propre.

Mireille Mm! Moi, j'ai pas vraiment d'expérience de la Méditerranée, mais, d'après moi, si tu veux trouver une plage propre sans tous ces déchets accumulés, il faut arriver finalement à trouver une portion de la plage qui s'y prête et pas la…pas la plage principale. C'est le seul moyen!

Marika Mm! Moi, je vais plutôt dans les criques.

Mireille Les criques, sur les…, la côte atlantique, c'est difficile. Il y en a pas, hein!

Marika Il y en a pas, ouais. Mais, la Méditerranée, ouais, j'allais dans les criques, où il n'y a que des rochers, déjà pour y avoir accès, il faut marcher une demi-heure sur les rochers, et puis là vraiment tu, tu trouves pas trop de déchets, quoi. Un papier ou deux, mais…une boîte de conserve peut-être, mais c'est, c'est rare.

devenir to become
sale dirty
(ne)…plus no longer. As with other negatives, the **ne** is very often omitted in relaxed speech.
le long de along; **le long de l'eau**, 'along the water's edge'. **Longer** means 'to run alongside' (e.g. sea, lake, forest).

Unit 3 L'environnement 47

traverser   to cross

couper   to cut; **se couper le pied**, 'to cut one's foot'

le morceau   piece

brisé(e)   broken

un sac-poubelle   rubbish bag

le feu de bois   wood fire

la nourriture   food

être obligé(e) de   to be obliged to, to have to

être pareil(le)   to be the same / similar

en fait   in fact

avoir l'habitude de (+infinitive)   to be used to

enfin, moi je   well, *I*

d'après moi   in my opinion

accumulé(e)   accumulated

se prêter à   to lend itself to; **une portion de la plage qui s'y prête** means 'a part of the beach which lends itself to it' (i.e. to being clean). You will learn more about

this use of **y** in Unit 4.

la crique   creek

il y en a pas (il n'y en a pas)   there aren't any

le rocher   rock

avoir accès à   to have access to; **déjà pour y avoir accès…** means 'but to get there…'. **Déjà** is often used to reinforce what is said. Here it underlines the difficulty of getting there.

et puis là vraiment tu trouves pas trop de déchets, quoi   and there, really, you don't find too much rubbish, you know. **Quoi** used at the end of a sentence like this is common in colloquial French. Although in French it is used colloquially, it is rather reminiscent of the 'what' used by some speakers of 'posh' English – e.g. 'It's a lovely day, what?'

la boîte de conserve   can, tin

TRAVAUX PRATIQUES

10 Use the clues to complete the crossword with words from the dialogue. The framed letters spell out what is threatening the coast in parts of France.

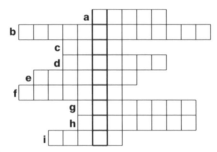

le contraire   opposite

un synonyme   synonym (word with roughly the same meaning)

a   L'étendue de sable qui longe la mer.

b   Mireille dit que les gens laissent les ✍ – ✍ derrière eux et que quand on veut se baigner on est obligé de marcher entre eux.

c   Le contraire de propre. Mireille dit que la plage devient de plus en plus ✍ .

d   Contraire aux lois. Mireille dit qu'il est ✍ de faire les feux de bois sur la plage.

e   Les petites baies sur la côte méditerranée. Marika aime aller dans les ✍ .

f   Les ordures. Mireille dit que ces ✍ s'accumulent sur les plages et les polluent.

g   Avant, Marika avait l'habitude d'aller à Collioure, mais maintenant elle va à ✍ .

h   Synonyme de satisfaite. Mireille n'était pas ✍ de ses vacances à Biscarosse.

i   Le contraire de plus. Mireille dit que l'Atlantique est beaucoup ✍ pollué que la Méditerranée.

Answers p. 54

11

Listen to the recording and complete the short letter that Walter sent during his weekend break in the forest, using the words given in the box.

Cher Patrick,

Malheureusement, je ne suis pas du tout _____a du weekend ici. Je trouve que la forêt devient de plus en plus _____b. A mon avis, c'est la faute des touristes qui ne veillent pas à l'environnement. Ils font un ____c de bois, alors que c'est très _____d, et ils laissent leur _____e et leurs _____f. Nous, on est _____g de marcher entre leurs ordures! Le pire, c'est le _____h et le _____i qui ne sont même pas biodégradables. Sais-tu ce qui m'énerve le plus? Ils ne se contentent pas d'observer les arbres, les _____j et les plantes - ils les _____k!!

Si je reviens ici l'année prochaine je vais prendre le temps de _____l dans la forêt _____m, loin des touristes. Au moins là, c'est beaucoup plus _____n.

J'espère que ton weekend à la mer était plus réussi,

A bientôt,
Walter

| profonde nourriture sale fleurs obligés dangereux |
| propre pénétrer coupent sacs-poubelles feu plastique |
| content métal |

la randonnée walking, hiking	**pénétrer** to go into
veiller à to look after	**profond(e)** deep
biodégradable biodegradable	**loin de** far from

Answers p. 54

12

You have just come back from a holiday in the Mediterranean. Follow the prompts on the recording to talk about the problems of pollution. You will need:

des sacs-poubelles rubbish bags
on ne trouve pas you don't find

GRAMMAIRE

The conditional tense

You saw the conditional tense several times in this unit. It is often used to express what *would* happen *if*…

…ça m'énerverait vraiment s'il fallait que je ne prenne pas ma voiture un jour sur deux.
…it would really annoy me if I were forced not to use my car every other day.

Mais si tout le monde faisait comme toi, ça provoquerait une crise économique abominable.
But if everyone behaved like you, it would cause a horrendous economic crisis.

Here is another example:

Si j'avais 60 000 euros, j'achèterais une voiture moins polluante.
If I had 60,000 euros, I would buy a less polluting car.

The conditional is formed by adding the imperfect tense endings to the future stem. (Refer to the Grammar summary on p. 192 if you don't remember these endings.) In most cases the future stem is the same as the full infinitive form, but don't forget that some future stems are irregular. Here are some of the more common ones:

Infinitive	Future	Conditional
aller	j'irai	j'irais
avoir	j'aurai	j'aurais
être	je serai	je serais
faire	je ferai	je ferais
venir	je viendrai	je viendrais
voir	je verrai	je verrais

13 Write the conditional tense of the appropriate verb in the spaces below.

> partir
> aller
> obliger
> marcher
> acheter

a   Si j'avais les moyens, j'_____ une voiture avec un pot catalytique.
b   Si on avait le choix, on ne _____ plus sur la côte méditerranéenne.
c   Il a dit que s'il était au pouvoir, il _____ tous les touristes à nettoyer la plage avant de partir le soir.
d   Si les Français s'intéressaient plus à l'environnement, ils _____ beaucoup plus souvent à la déchetterie.
e   Si j'avais le temps, je _____ dans la forêt profonde, loin des touristes.

| Answers p. 54 |

Si (meaning 'if')

In French, as in English, you can distinguish between an unlikely and a probable event by using different verb tenses. The use of tenses is parallel.

● If the event is unlikely (although theoretically it may be possible), then use **si** + imperfect + conditional:

Si j'avais (imperfect) **60 000 euros, j'achèterais** (conditional) **une voiture moins polluante.**
If I had 60,000 euros, I would buy a less polluting car.
All of the examples that you have looked at so far in this **Grammaire** belong in this category.

● If the event is probable, use **si** + present + future:

Si on a (present) **le temps, on ira** (future) **plus loin dans la forêt.**
If we have time, we'll go further into the forest.

From the examples below, you can see how a simple change of tenses can alter the meaning of what is otherwise the same sentence:

Si j'allais à Biscarosse, je ferais du surf.
If I went to Biscarosse, I would go surfing. (but it's unlikely that I'll go)

Si je vais à Biscarosse, je ferai du surf.
If I go to Biscarosse, I will go surfing. (and it's quite likely that I'll go)

14 Put the infinitives in brackets into the correct tense.

a   Si la terre continue à se réchauffer, il y (avoir) _____ un grand risque de perturbation climatique.
b   S'il fait beau demain, on (louer) _____ une bicyclette.
c   Si les Français utilisaient davantage les transports en commun, il y (avoir) _____ moins de pollution atmosphérique.
d   S'il y avait plus d'informations sur le recyclage, les gens (être) _____ plus conscients du volume et de la nature des déchets qu'ils produisent.
e   Si je vais à la plage demain, je (mettre) _____ mes sandales pour ne pas me couper le pied sur les morceaux de verre brisés dans le sable.
f   Si tu venais au travail en métro, tu (voir) _____ que c'est beaucoup plus rapide que la voiture.

Answers p. 54

EXPRESSIONS IMPORTANTES

s'intéresser à	to be interested in
ce serait une bonne idée de s'y intéresser plus	it would be a good idea to be more interested in it
se préoccuper de	to be concerned about
beaucoup ne s'en préoccupent pas trop	many aren't terribly concerned about it
être porté(e) sur	to be keen on
être obligé(e) de	to be obliged to, to have to
dans l'ensemble	by and large
du point de vue de	from the point of view of
ainsi que	as well as
par ailleurs	in addition
outre	in addition to
franchement	frankly, to be honest
en fait	in fact
cependant	however, nevertheless
d'après moi	in my opinion
alors là, je (ne) suis vraiment pas d'accord avec toi	now on that point, I really don't agree with you
j'ai mes doutes	I have my doubts
(être) dû(e) à	(to be) due to (cause)
Qu'est-ce qu'ils font d'autre?	What else do they do?
ils vont même jusqu'à…	they even go so far as to…
c'est pour ça, d'ailleurs	*that's* why
ça risque même de coûter plus cher que…	there's a chance that it might cost more than…
Tu mets combien de temps…?	How long does it take you…?
Tu n'as jamais pensé que…?	Have you never thought that…?
C'est ridicule, cette histoire!	The whole thing is ridiculous!
j'ai envie de	I feel like
le tiers	third
la moitié	half
les transports en commun / les transports publics	public transport

Expressing your opinion

In this unit you heard several ways of expressing your opinion:

je crois que	I believe that (**Dialogue 1**)
à mon avis	to my mind (**Dialogue 3**)
d'après moi	in my opinion (**Dialogue 3**)

Here are a few other expressions that you may find useful when expressing your own opinion:

selon moi in my opinion	**j'ai l'impression que** I have the impression that	**je suis persuadé(e) que** I am convinced that
je trouve que my feeling is that	**je considère que** I feel that	**je suis convaincu(e) que** it is my belief that
je pense que I think that		

15

Use what you have learned in this unit to answer these questions asked on the recording. Do so as spontaneously as possible – there are no prompts for your answers.

- A votre avis, est-ce que votre famille s'intéresse assez à l'environnement?
- Et vous, personnellement, qu'est-ce que vous faites au niveau du recyclage?
- Pensez-vous que la plupart des gens soient assez conscients des problèmes du recyclage?

When you have finished, listen to Walter answering the same questions. If you are working with a partner, take turns to ask and answer these questions.

16

Explain in French whether you usually use your own car or whether you make good use of public transport. Give your reasons and talk about the environmental implications of your choice.

If you are able to record your talk, do so, and then listen to Brigitte talking on the same subject. If you have time, have another go once you have listened to what she says.

17

This extract is from a news broadcast. It reports the results of a survey on people's attitudes to public transport in the Paris region. Fill in the results of the survey on the form below.

auprès de among
l'échantillon (m.) sample
la marche à pied walking
utile useful

voire indeed
d'après according to
la diminution reduction
l'élargissement (m.) extension

Enquête: Les transports urbains

Effectuée du _____a au _____b
Nombre de personnes interviewées ____c
Age minimum _____d
Satisfaits du fonctionnement des transports urbains ____e %
Souhaitent des améliorations pour l'avenir ___f %

Moyens de transport utilisés

- bus et métro ____g %
- voiture particulière ____h %
- marche à pied ___i %
- deux-roues ___j %

Considèrent le développement et l'amélioration des transports urbains importants/très importants ____k %

Transcript p. 216

Answers p. 54

EXERCISE 1

(a) les épluchures / le compost   (b) les bouteilles en plastique   (c) les journaux   (d) le verre vert   (e) le verre blanc   (f) le verre marron

EXERCISE 2

(a) Non   (b) les Allemands et les Danois   (c) le recyclage risque de coûter plus cher que d'entasser les déchets   (d) les fumées causent un autre problème de pollution

EXERCISE 4

True: (a) (lines 13–14); (b) (lines 14–16); (f) (lines 44–48); (g) (lines 52–56). False: (c) (lines 19–22); (d) (lines 24–30); (e) (lines 36–44); (h) (lines 59–62); (i) (lines 68–72).

EXERCISE 5

(a) too many people; always breaking down; hates having people around him   (b) quicker by car than by public transport; listens to music; can think about whatever he likes   (c) catalytic converter; the wind will get rid of the fumes; arguments about pollution exaggerated   (d) car industry too useful/important financially

EXERCISE 6

(a) i   (b) ii   (c) i   (d) i   (e) ii   (f) ii

EXERCISE 8

(b) la destruction, destruction   (c) la consommation, consumption   (d) le développement, development   (e) la perturbation, disruption   (f) le réchauffement, warming   (g) la montée, rise   (h) l'accroissement (m.), increase   (i) l'augmentation (f.), increase   (j) la baisse, reduction   (k) la hausse, rise

EXERCISE 9

(a) noise   (b) transport   (c) The choice that favours road transport.   (d) It aggravates the situation, puts the future at risk, and is irreconcilable with the aim of lasting development. Road transport is very greedy on energy, the most polluting and takes up the most space.   (e) The risk that the increase in the greenhouse effect will cause climatic disturbances/disruption.   (f) It accounts for more than a third of the emissions of CO_2 – and 87% of those are due to road transport.   (g) Because they can't compensate for the fact that the volume of traffic is increasing.   (h) The defining of a general transport policy which favours rail and water transport, and, in urban areas, favours public transport (especially the tram) and the use of bicycles and motorbikes, and by improving motors and choosing less harmful fuels.

EXERCISE 10

(a) PLAGE   (b) SACS-POUBELLES   (c) SALE   (d) ILLEGAL   (e) CRIQUES   (f) DECHETS   (g) BIARRITZ   (h) CONTENTE   (i) MOINS. The framed letters spell out the word POLLUTION.

EXERCISE 11

(a) content   (b) sale   (c) feu   (d) dangereux   (e) nourriture   (f) sacs-poubelles   (g) obligés   (h) plastique   (i) métal   (j) fleurs   (k) coupent   (l) pénétrer   (m) profonde   (n) propre

EXERCISE 13

(a) achèterais   (b) partirait   (c) obligerait   (d) iraient   (e) marcherais

EXERCISE 14

(a) aura   (b) louera   (c) aurait   (d) seraient   (e) mettrai   (f) verrais

EXERCISE 17

(a) 15 juin   (b) 5 juillet   (c) 844   (d) 15 ans   (e) 75 %   (f) 78 %   (g) 67 %   (h) 59 %   (i) 6 %   (j) 1 %   (k) 90 %

4 LES LOISIRS

WHAT YOU WILL LEARN

▶ talking about leisure activities
▶ something about the game of **pétanque** and its players
▶ talking about your television viewing habits
▶ something about **cafés-théâtres**

POINTS TO REMEMBER

● In Unit 2 you learned about the difference between **ce qui** and **ce que**. You'll hear the useful expression **ce qui...c'est** several times in this unit. Here is an example sentence:

<u>Ce qui</u> est bien, <u>c'est</u> de voir leur enthousiasme.
What <u>is</u> good <u>is</u> to see their enthusiasm.

Of course you can also use the expression **ce que... c'est**:

<u>Ce que</u> j'aime, <u>c'est</u> l'enthousiasme des joueurs.
What I like <u>is</u> the enthusiasm of the players.

If you've forgotten the difference between **ce qui** and **ce que**, refer back to the **Grammaire** of Unit 2.

● The ending **-ment** on an adverb is often translated into English by the ending '-ly'. In this unit you will come across the following words:

évidemment	evidently, obviously
rarement	rarely
principalement	principally, mainly
entièrement	entirely
parfaitement	perfectly
seulement	only

BEFORE YOU BEGIN

In each unit in this book you are given the chance to practise your speaking through a series of exercises on the recording. You can use these exercises to improve your speaking a great deal and to re-use what you have learned in the unit. Do not get disheartened if you don't manage to do the exercise perfectly the first time. Aim to find the time to do each exercise several times, and come back to them at a later stage to test yourself. When there are no prompts for an exercise, make sure that you listen to the 'model version' once you have tried the exercise on your own, and see if there are any phrases or words that you could have used in your own answers. Then try the exercise again, re-using some of the things that you heard in the model answer. Nothing beats lots of practice for making you more fluent.

DIALOGUE 1

Se détendre avec un bon film

Jean-François	Tu regardes souvent la télévision, Brigitte?
Brigitte	Très rarement, très rarement – sauf le soir, je suis fidèle au, au journal télévisé pour les nouvelles et surtout pour la météo. Et toi?
Jean-François	Moi, j'avoue que je regarde très souvent...principalement les spectacles de variétés, les compétitions sportives et puis les films. J'avoue que c'est très détendant après une journée de travail.
Brigitte	Ça, moi aussi, j'aime beaucoup regarder les films, surtout si ce sont des films étrangers, des films anglais, des films allemands, je, j'aime beaucoup me détendre moi aussi avec un bon film.

se détendre   to relax; **détendant(e)** or, more commonly, **relaxant(e)**, relaxing
être fidèle à   to be loyal/faithful to
le journal télévisé   television news. 'The news' can also be **les nouvelles** or **les informations**.
avouer (que)   to admit (that)
étranger (étrangère)   foreign

TRAVAUX PRATIQUES

1

Brigitte and Jean-François are looking at what is on television during the afternoon and evening. Which of the programmes would interest each of them? Tick the boxes B. or J.-F., using the recording but not the transcript to help you. Don't expect to understand all the vocabulary, but the following will help:

le feuilleton	serial, soap opera
la version originale	original (-language) version
sous-titré(e)	subtitled
la diffusion	broadcast
doublé(e)	dubbed

<table>
<tr><td></td><td>B. J.-F.</td><td></td><td>B. J.-F.</td></tr>
<tr><td>12.00 Informations et météo</td><td>☐ ☐</td><td>14.25 Les aventures de Tom Sawyer</td><td>☐ ☐</td></tr>
</table>

14.25 Les aventures de Tom Sawyer
Feuilleton allemand en treize épisodes. Rediffusion.
Le mystère de la grotte. Tom est retourné à l'école. Un jour qu'il participe à une excursion avec sa classe, Tom disparaît en compagnie de Becky. Toute la petite ville s'inquiète. En fait, les deux enfants sont au fond de la grotte MacDuff dont ils ne trouvent pas la sortie.

12.15 Le relais de dimanche
Sports et variétés.

B. J.-F.

15.50 Sports été ☐ ☐
Auto: l'homme le plus rapide du monde? Art Arfons, pilote automobile, espère bien l'être prochainement, à l'occasion de la course annuelle qui se tient sur la piste parfaitement plane du lac Salé, aux États-Unis.

19.15 Actualités régionales ☐ ☐

20.00 Journal ☐ ☐

20.35 Roméo et Juliette ☐ ☐
Tragédie en cinq actes de Shakespeare, en version originale sous-titrée. Production de la TV britannique. Précédente diffusion, 27–1–94.

B. J.-F.

Patrick Ryecart: Roméo
Rebecca Saire: Juliette
John Gielgud: Le chœur
La réalisation est remarquable de nervosité et de vie, et l'idée de sous-titrer plutôt que doubler la langue anglaise, fluide et ondulante, est excellente.

23.10 Audrey Rose ☐ ☐
Film américain de Robert Wise (1977), en version française.
L'histoire. Janice Templeton découvre avec inquiétude que sa fille, Ivy, est surveillée par un mystérieux personnage. Il se nomme Elliot Hoover, et il est persuadé qu'Ivy est la réincarnation de sa propre fille, Audrey Rose, brûlée vive dans un accident de voiture.

Answers p. 72

2 Study the programme selection again and write down the answers to these questions.

a Which programmes have been broadcast before?

_____

b Which of them have been dubbed into French? _____

c What language is **Roméo et Juliette** in? What does the reviewer have to say about the choice of language? _____

_____

_____

d What sort of a programme is **Les aventures de Tom Sawyer**?

_____

e Why can't Tom Sawyer and Becky get out of the cave?

_____

f What title does Art Arfons hope to win soon?

_____

g What is Elliot Hoover convinced of?

_____

Answers p. 72

_____

3

Listen to Brigitte and Walter discussing what is on television, and fill in the details of the programmes in the grid below.

Channel	Time	Title of film/ programme	Type of film	Details of country of origin and language
TF1				
France 2				
M6				
M6				
Canal +				

Answers p. 72

> Deux poules regardent une émission de cuisine à la télévision.
> « La recette pour ce soir est la poule farcie-flambée », dit la présentatrice.
> « Change de chaîne, je t'en prie! » dit l'une d'elles, « je déteste les films d'horreur! »

une poule   hen
la recette   recipe
farci(e)   stuffed
la chaîne   channel

4

Tell Walter about the sorts of TV programmes that you like to watch. Philippe will suggest in English what you should say.

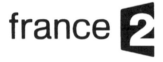

TV channel logos

Tu connais un bon spectacle?

Jean-Pierre	Tiens, je suis allé au café-théâtre hier soir – il y avait très longtemps que je n'y étais pas allé.
Hélène	Eh bien moi, j'y suis jamais allée – et je pense que je dois être la seule Parisienne dans ce cas!
Jean-Pierre	Je pense, oui. Tu devrais – c'est amusant, de temps en temps.
Hélène	Mais comment ça se passe?
Jean-Pierre	Oh, d'abord ce sont toujours des spectacles humoristiques – ça dure une heure, une heure et demie – puis on s'assied comme dans un café, on boit, on fume pendant le spectacle, et ce qui est très fascinant, c'est qu'on a les acteurs tout près de soi: ils jouent à cinquante centimètres devant vous.
Hélène	Il y a beaucoup de monde? C'est grand?
Jean-Pierre	Une trentaine de personnes, cinquante personnes dans la salle – c'est une atmosphère de café.
Hélène	J'ai pas besoin de réserver?
Jean-Pierre	Non, en général on entre comme ça, sauf quand il y a un spectacle qui a un très grand succès.
Hélène	Alors, tu paies ton billet...
Jean-Pierre	Tu paies en deux fois: tu paies d'abord à l'entrée et ensuite, à la fin du spectacle, les acteurs font la quête.
Hélène	Et tu connais un bon spectacle en ce moment à Paris?
Jean-Pierre	Celui que j'ai vu hier, mais je pense qu'il y en a d'autres. On pourra y aller, si tu veux!
Hélène	Ah, mais ça me fera très plaisir!

tiens an expression used to attract someone's attention

il y avait très longtemps que je n'y étais pas allé it was a very long time since I had been to one

dans ce cas in this position (i.e. who hasn't been to a **café-théâtre**)

comment ça se passe? what happens / what goes on? **Se passer** means 'to happen'.

le spectacle humoristique comedy show

on s'assied one sits down, from the verb **s'asseoir** meaning 'to sit down'

fumer to smoke

ce qui est très fascinant, c'est qu'on a les acteurs tout près de soi what is very fascinating is that you have the actors very close to you. **On** can mean 'you' or 'one', as in this sentence. When you are using **on**

in this sense, the word for 'you/yourself' or 'one/oneself' used after a preposition is **soi**. For example: **on travaille pour soi** ('you work for yourself').

Il y a beaucoup de monde? Are there a lot of people? (Note also: **Il y a du monde?**, 'Are there many people?')

une trentaine de personnes about 30 people. (In Unit 1 you learned that the suffix **-aine** added to certain numbers means 'approximately that number'.)

on entre comme ça you just go in

sauf (quand) except (when)

en deux fois twice

faire la quête to pass the hat round, to take a collection

il y en a d'autres there are others (of them)

ça me fera très plaisir I'll enjoy that (literally 'it will give me great pleasure')

TRAVAUX PRATIQUES

5 The district of **le Flon** in Lausanne, Switzerland, has a very successful **café-théâtre, l'Atelier Volant**. Here is the introduction to their new season's programme.

Au cœur du Flon, l'été en plein hiver!

L'Atelier Volant a le plaisir d'annoncer pour sa nouvelle saison quelques heureux changements dans l'orientation de sa programmation artistique.

En effet, l'autorisation tant attendue d'exploiter notre théâtre-cabaret au-delà de la fermeture officielle des cafés-restaurants permet enfin à l'Atelier Volant d'organiser des soirées festives dignes de ce nom. Les communautés latino-américaines et africaines ont trouvé une terre d'asile où se produire, se rencontrer, pour la grande joie de tous. C'est dans cette perspective que la nouvelle saison marquera le début d'une collaboration approfondie avec notamment l'association Peña del Sol (*association pour la promotion des cultures d'Amérique du Sud*), qui fête son 10ème anniversaire et dont trois événements seront à l'honneur cette année.

Par ailleurs, dans le courant de la nouvelle saison, l'Atelier Volant va se doter au rez-de-chaussée de l'immeuble qu'il occupe, d'une salle de spectacle supplémentaire (*d'environ 100 places*) qui sera exclusivement consacrée au théâtre. La salle du deuxième étage sera destinée principalement à l'ethnomusicologie et aux nuits tropicales des vendredis et samedis. Il sera ainsi possible d'offrir dorénavant une place plus importante à la création théâtrale des compagnies lausannoises, à l'échange et à l'accueil de troupes suisses et européennes dont la démarche artistique sera, nous n'en doutons pas, très appréciée du public lausannois.

Nous remercions d'ores et déjà tous ceux qui renouvelleront leur abonnement en commandant la carte 'passeport' ou 'portes-ouvertes'. Ce soutien contribuera grandement à la création de notre deuxième salle.

Nous saisissons cette occasion pour remercier vivement les instances subventionnantes qui ont permis, au fil des saisons, à l'Atelier Volant de trouver sa place dans le panorama culturel suisse romand et notre aimable public qui est toujours plus nombreux à fréquenter notre établissement (*10 961 spectateurs l'année dernière*).

Dans ces temps difficiles où les restructurations économiques hantent et bouleversent les esprits les plus solides, le divertissement est essentiel. Le théâtre est un espace vivant de questionnements et d'ouvertures sur le monde, un remède contre la morosité.

Les météorologues annoncent un hiver rude, mais au cœur du Flon, l'Atelier Volant accueille avec chaleur les cigales, les papillons et autres animaux nocturnes!

---

l'orientation (f.)   direction
tant attendu(e)   much awaited. Also note **j'ai tant aimé le spectacle**, 'I loved the performance so much'.
au-delà de   beyond
la fermeture   closure
digne de   worthy of
la terre d'asile   place of refuge
se doter de   to create
l'immeuble (m.)   building

dorénavant   from now on, henceforth
lausannois   from Lausanne. Lausanne is a French-speaking town in Switzerland with about 150,000 inhabitants. **Le Flon** is the artistic quarter near the town centre.
la démarche   approach
d'ores et déjà   already
l'abonnement (m.)   subscription; **s'abonner à** means 'to subscribe to, to have a subscription to'

---

le soutien support
l'instance (f.) authority
subventionnant subsidising;
  subventionner means 'to subsidise'
  and **la subvention** means 'subsidy' or
  'grant'
au fil des saisons over the (course of) the
  seasons. You might more commonly hear
  au fil des ans, 'over the years', or **au fil
  des siècles**, 'over the centuries'.

romand(e) French-speaking. **Un Romand
(une Romande)** means a 'French-
speaking Swiss person'. There are four
official languages in Switzerland: German,
Italian, French and Romansch (a
Romance language which is spoken in only
one of the 23 cantons).
le divertissement entertainment
la morosité gloom; economic gloom
la cigale cicada

Now choose the correct ending to each of these sentences:

a L'Atelier Volant va fermer…
  i à la même heure que les cafés-restaurants. ☐
  ii plus tard que les cafés-restaurants. ☐
  iii plus tôt que les cafés-restaurants. ☐

b Les communautés latino-américaines et africaines sont
  heureuses parce qu'elles…
  i ont enfin trouvé une terre où elles peuvent se réfugier. ☐
  ii ont trouvé un pays où elles peuvent faire des enfants
    sans crainte. ☐
  iii peuvent monter des pièces et se réunir à l'Atelier Volant. ☐

c L'Atelier Volant va bientôt…
  i créer une nouvelle salle de spectacle. ☐
  ii occuper un nouvel immeuble. ☐
  iii se consacrer exclusivement au spectacles de théâtre. ☐

d L'Atelier Volant…
  i est persuadé que le public lausannois aimera la nouvelle
    démarche artistique. ☐
  ii doute que le public lausannois aime la nouvelle
    démarche artistique. ☐
  iii espère que le public lausannois aimera la nouvelle
    démarche artistique. ☐

e Ceux qui s'abonnent à l'Atelier Volant…
  i doivent montrer leur passeport avant de renouveler leur
    abonnement. ☐
  ii recevront une place gratuite dans la nouvelle salle. ☐
  iii aident financièrement à la création de la nouvelle salle. ☐

f L'Atelier Volant…
  i n'a jamais reçu de subventions. ☐
  ii a reçu des subventions de plusieurs organismes. ☐
  iii a reçu une seule subvention la saison précédente. ☐

g Le divertissement…
  i est essentiel parce qu'il rapporte de l'argent à l'économie. ☐
  ii bouleverse tout le monde. ☐
  iii peut nous aider à oublier la situation économique. ☐

h L'Atelier Volant...
  i accueille tout ceux qui aiment sortir la nuit. ☐
  ii a un refuge de nuit pour les animaux. ☐
  iii a une spectacle qui inclut les cigales et les papillons. ☐

Answers p. 72

6

What makes a **café-théâtre** different from a conventional theatre? Listen to **Dialogue 2** again and fill in the information or choose the correct alternative. New words are **le genre**, 'kind/sort', and **le spectateur**, 'spectator'. In some cases there is more than one correct answer.

a Genre de spectacle? _____

b Ça dure combien de temps?
  i 30 minutes – 1 heure ☐
  ii 1 heure 30 ☐
  iii 1 heure – 1 heure 30 ☐

c Les spectateurs peuvent...
  i fumer. ☐
  ii boire. ☐

d Le théâtre est...
  i petit. ☐
  ii très grand. ☐

e Combien de spectateurs y a-t-il?
  i entre 10 et 30 ☐
  ii entre 30 et 50 ☐
  iii entre 50 et 70 ☐

f Il y a une ambiance...
  i de cinéma. ☐
  ii de café. ☐
  iii de bar. ☐

g Faut-il réserver?
  i jamais ☐
  ii toujours ☐
  iii pour certains spectacles seulement ☐

h On paye...
  i en arrivant. ☐
  ii pendant le spectacle. ☐
  iii après le spectacle. ☐

Answers p. 72

7 Listen to the recording, where Walter is reading through part of a letter that he has written to a friend about the new plans for **l'Atelier Volant**. Fill in the gaps in the text.

> Tu te souviens de l'Atelier Volant au Flon où on a vu le
> _____, a l'année dernière que tu as
> _____, b? On m'a dit qu'on va l'agrandir cette
> _____, c. Ils auront le droit de rester ouvert _____, d
> la fermeture officielle des cafés-restaurants. Ça veut dire
> qu'ils pourront organiser de vraies soirées festives.
>
> Ils ont l'intention de créer une deuxième salle de _____, e
> au _____, f de l'immeuble qu'ils occupent
> actuellement - une salle d'environ 100 places qui sera
> exclusivement _____, g au théâtre. Ils prévoient une
> nouvelle _____, h qui m'intéresse beaucoup.
>
> Je crois que je m'y abonnerai cette année, parce que je suis sûr
> que les _____, i les aideront à créer la deuxième salle.
>
> J'espère que tu nous rendras visite cet hiver, même si les
> météorologues ont raison, et qu'il fait très froid! Si tu es
> ici un samedi soir on pourra aller à l'Atelier Volant pour
> une _____, j.

Answers p. 72

8 Tell Brigitte about your evening at the **Café de la Gare** (a **café-théâtre** in Paris). Listen to her questions and answer them, taking your cues from Philippe. You will need:

> **tu devrais** you should
> **la semaine prochaine** next week

Le Café de la Gare

DIALOGUE 3

 Les mordus de la pétanque

M. Vuittenez	J'étais descendu sur la Côte d'Azur – et là-bas, ce sont des mordus de la pétanque. Et…ils sont un petit peu des comédiens. Ce qui est bien d'ailleurs, c'est de voir l'acharnement qu'ils mettaient. Et alors, des disputes, des disputes, mais sérieuses, hein? Parce que chacun voulait avoir raison, puis – en fait – ils n'avaient pas plus raison les uns que les autres, hein?
Stephanie	Est-ce surtout un jeu d'hommes?
M. Vuittenez	Non. Non, non, les dames jouent aussi mais quand même moins. Vous verrez, à la Poterne des Peupliers – vous avez une femme, elle est là presque tous les jours. Elle joue, elle joue même très bien, d'ailleurs. Évidemment, elle est taquinée par tout le monde, parce que…une seule femme dans toute l'équipe, hein…

j'étais descendu I had gone down / I went down

là-bas (down/over) there

un mordu de fanatic/fan of. The verb **mordre** means 'to bite', so it literally means 'people who have been bitten' by something.

la pétanque (also known as **boules**) the game of bowls which is particularly popular in the south of France. Note that 'to play pétanque' is **jouer à la pétanque**.

un comédien actor; (here) 'show-off'. It would have been better French to have said **ils sont un peu comédiens**.

d'ailleurs moreover

l'acharnement (m.) fierceness, determination

avoir raison to be right

ils n'avaient pas plus raison les uns que les autres none of them were any more right than the others

quand même all the same

la Poterne des Peupliers the name of a Paris street (in the 13th **arrondissement**) where **pétanque** is played

évidemment obviously

taquiner to tease

l'équipe (f.) team

TRAVAUX PRATIQUES

9

Without looking back at the text, listen to the dialogue again to discover the missing words. Write them in the grid below. The framed letters will describe how some people view **pétanque** players. Note that the phrases are not in the same order as on the recording.

a   J'étais ✍ sur la Côte d'Azur.

b   Chacun voulait avoir ✍ .

c   Les ✍ jouent aussi.

d   Là-bas, ce sont des mordus de la ✍ .

e   Et alors, des ✍ , mais sérieuses.

f   Une seule femme dans toute l' ✍ .

g   Est-ce surtout un ✍ d'hommes?

h   Elle est ✍ par tout le monde.

i   Elle est là ✍ tous les jours.

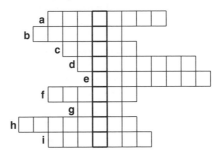

Answers p. 72

10

What did M. Vuittenez say? Listen to the dialogue once more and choose the correct ending for each statement.

a   M. Vuittenez était descendu...

   i   la Côte d'Azur. ☐

   ii   sur la Côte d'Azur. ☐

   iii   là-bas. ☐

b   Selon M. Vuittenez, ce qui est bien, c'est...

   i   l'acharnement des joueurs. ☐

   ii   les disputes sérieuses. ☐

   iii   que chacun voulait avoir raison. ☐

c   Pendant les disputes ils avaient/n'avaient raison...

   i   les uns et les autres. ☐

   ii   les uns plus que les autres. ☐

   iii   ni les uns ni les autres. ☐

d   Les femmes jouent...

   i   aussi bien que les hommes. ☐

   ii   moins souvent que les hommes. ☐

   iii   tous les jours, comme les hommes. ☐

e   A la Poterne des Peupliers on taquine...

   i   tout le monde. ☐

   ii   toute l'équipe. ☐

   iii   la seule femme. ☐

Answers p. 72

11

This extract comes from the official rules of **pétanque**. As is often the case with such documents, the language is very precise and at times the explanations may seem convoluted. But don't worry, you do not need to understand everything in order to do the exercise.

JEU

Article 6 – Les joueurs doivent procéder à un tirage au sort pour déterminer laquelle des deux équipes choisira le terrain – au cas où il ne leur en aurait pas été attribué un par les organisateurs – et lancera la première le but.

N'importe lequel des joueurs de l'équipe ayant gagné le tirage au sort choisit le point de départ et trace sur le sol un cercle tel que les pieds de tous les joueurs puissent y être posés entièrement. Toutefois il ne peut mesurer moins de 35 cm ni plus de 50 cm de diamètre. Il doit être tracé à plus d'un mètre de tout obstacle ou de la limite d'un terrain interdit et, dans les compétitions en terrain libre, à au moins 2 mètres d'un autre cercle de lancer utilisé.

Les pieds doivent être entièrement à l'intérieur du cercle, ne pas mordre sur celui-ci et ils ne doivent en sortir ou quitter entièrement le sol que lorsque la boule lancée a touché celui-ci. Aucune autre partie du corps ne doit toucher le sol à l'extérieur du cercle. Par exception, les mutilés d'un membre inférieur sont autorisés à ne placer qu'un pied à l'intérieur du cercle.

Pour les joueurs évoluant en fauteuil roulant, le cercle doit se trouver au milieu des roues, le repose-pieds du fauteuil se situant à hauteur du bord du cercle.

Le lancer du but par un joueur d'une équipe n'implique pas qu'il soit dans l'obligation de jouer le premier.

En cas d'affectation d'un terrain, les équipes concernées ne peuvent se rendre sur un autre terrain sans l'autorisation de l'Arbitre.

---

le tirage au sort   draw

le terrain   piste (playing area)

au cas où il ne leur en aurait pas été attribué un   in case one had not been allocated to them

lancer   to throw; later, **le lancer**, 'throwing'

le but   jack (small ball that is thrown first and then used as a target); also know as **le cochonnet** (literally 'piglet')

ayant gagné   having won; **ayant** is the present participle form of **avoir**

tracer   to draw

tel que les pieds de tous les joueurs puissent y être posés   such that the feet of all the players may be placed within it. The verb **puissent** is the subjunctive form of **pouvoir**, introduced here by the use of **tel que**. More on this in Unit 7.

toutefois   however

à plus d'un mètre de   more than one metre away from

terrain libre   open terrain (outside a delimited area, where no boundaries are drawn)

mordre sur celui-ci   to go over it

ne...que   only

aucun(e) autre...ne   no other

le mutilé / la mutilé   person who has lost a limb in an accident or in war (**un mutilé de guerre** means 'disabled war veteran'). The verb **mutiler** means 'to take away / to cut off a limb or an organ'. The term **mutilé** may sound 'non-PC' to the Anglo-Saxon ear, but, as you can see, it has a meaning that is more specific than **handicappé(e)**, which is the general word for 'disabled'.

un membre inférieur   lower limb, leg

évoluer en fauteuil roulant   to get about in a wheelchair

le repose-pieds foot-rest
à hauteur de at the height of
n'implique pas qu'il soit dans l'obligation
  de does not imply that he is obliged to.

Soit is the subjunctive form of the verb **être**, introduced here by the phrase **n'implique pas que**. Again, more on this in Unit 7.

Put a tick or a cross in the box beside each drawing to indicate whether, under Article 6, the players pictured are following the rules or not.

a ☐   b ☐   c ☐   d ☐

Answers p. 72

12 Brigitte is telling Walter what she did at the weekend. Listen to the recording and then answer the questions in French. You do not need to use full sentences. You will need:

incroyable incredible
Tu t'en es sortie? Did you cope all right? (You saw the expression **on s'en sortira toujours**, 'we'll always cope', in **Dialogue 2** of Unit 3.)

a Où est-ce que Brigitte a passé le weekend?
_____

b Qu'est-ce qu'ils ont passé le weekend à faire?
_____

c Comment sait-on que ce sont des mordus de ce jeu?
_____
_____

d A part les parents qui aime jouer aussi? _____
e Comment jouent-ils? _____
f Selon Brigitte, qu'est-ce qui était incroyable?
_____

Answers p. 72

g Est-ce que Brigitte jouait aussi bien que les autres? ____
h Quelle était la réaction des autres à son jeu? _____

13 You arrive at a **pétanque** game to find two players engaged in a fierce argument. You ask a bystander (Brigitte) what is going on. As usual, Philippe will prompt your questions. You will need:

Qu'est-ce qui se passe...? What's going on...?
  Je vois qu'il y a... I see that there is...

GRAMMAIRE

The pronoun y

The pronoun **y** is used to replace **à** + a noun or a noun phrase (or **en** + a noun when followed by a place name, e.g. **Je vais en France cette année** → **J'y vais cette année**). It has two main uses:

1   You are probably quite familiar with the first, meaning 'there' or 'to it'. You have come across several examples of this use of **y** in all the units so far. Here are a couple of them:

   …vous allez y aller régulièrement maintenant? (Unit 1, **Dialogue 2**)
   …are you going to go there regularly now?
   (**…vous allez aller régulièrement à votre maison à la campagne maintenant?**)

2   You may be less familiar with the second use, where it still replaces **à** + a noun or a noun phrase, but it does not mean 'there'. You saw an example of this use in the following sentence from **Dialogue 1** in Unit 3:

   …tu trouves que ce…que ce serait une bonne idée de s'y intéresser plus?
   …do you think that it would be a good idea to be more interested in it?
   (**…tu trouves que ce…que ce serait une bonne idée de s'intéresser plus à l'environnement?**)

With this use of **y**, the English translation depends very much on the context, but it can mean it/them, in it/them, about it/them, of it/them, to it/them, etc.

Here are some more examples:

Tu joues souvent à la pétanque? Oui, j'y joue tous les jours.
Do you often play pétanque? Yes, I play (it) every day.

Tu vas répondre aux invitations? Oui, je vais y répondre ce soir.
Are you going to reply to the invitations? Yes, I'm going to reply to them this evening.

Tu penses toujours à la soirée d'hier? Oui, j'y ai pensé toute la journée!
Are you still thinking about yesterday evening? Yes, I've been thinking about it all day!

14   Replace the underlined **à** + noun or noun phrase in each sentence with the correct pronoun.

Example:
Elle arrive à la gare à midi. → Elle y arrive à midi.
a   Elle est allée à Toulouse l'été dernier. _____
b   Il croit à sa sincérité. _____
c   Elle pense aux problèmes de l'environnement. _____
d   Je m'intéresse au tennis. _____
e   Je m'adapte à la nouvelle situation. _____
f   Tu vas au café-théâtre demain? _____

Answers p. 72

Using the passive in French

The passive in French is very similar in formation and usage to the passive in English. It is formed from part of the verb **être** (in the appropriate tense) followed by the past participle. Here is an example of the passive from **Dialogue 1** of this unit:

Elle <u>est taquinée</u> par tout le monde.   She <u>is teased</u> by everybody.

In the imperfect this would be:

Elle <u>était taquinée</u> par tout le monde.   She <u>was teased</u> by everybody.

You will notice that the past participle agrees with the subject. (More about this on p. 195 of the Grammar summary.)

Here is a second passive sentence from this unit. Contrast it with the active version of the same sentence:

Passive:
(Le cercle) doit <u>être tracé</u> à plus d'un mètre de tout obstacle.
(The circle) must <u>be drawn</u> more than a metre away from any obstacle.

Active:
<u>Un des joueurs de l'équipe</u> doit tracer le cercle à plus d'un mètre de tout obstacle.
<u>One of the players in the team</u> has to draw the circle more than a metre away from any obstacle.

You will see that in the active sentence there is an obvious 'actor' or subject taking responsibility for the action (in this case, **un des joueurs de l'équipe**), whereas in the passive sentence this is not the case. Where the actor is made clear in a passive sentence, it is by using **par**:

Elle est taquinée <u>par</u> tout le monde.   She is teased <u>by</u> everybody.

It is worth remembering that the passive is not used nearly as frequently in French as in English. Very often the non-specific **on** is used as the subject of an active sentence rather than using the passive. So, instead of saying: **la vitre a été cassée** (passive)

you could say: **on a cassé la vitre** (active).

Translate these passive sentences into French:

a The club will be closed this weekend.

_____

b We are invited to a party next Saturday.

_____

c The land has been sold. _____

d The streets are cleaned every evening.

_____

e The water has been polluted. _____

Answers p. 72

EXPRESSIONS IMPORTANTES

ce qui est bien, c'est...	what is good is...
d'ailleurs ce sont les hommes qui jouent	moreover it is the men who play
avoir raison	to be right
quand même	all the same
toutefois	however
être fidèle à	to be loyal/faithful to
je suis fidèle au journal télévisé	I'm a faithful watcher of the TV news
j'avoue que	I admit that
se détendre	to relax
j'aime me détendre avec un bon film	I like to relax in front of / with a good film
relaxant(e)	relaxing
c'est très relaxant après une journée de travail	it's very relaxing after a day's work
Comment ça se passe?	What happens? / What goes on?
Il y a beaucoup de monde?	Are there a lot of people?
Il y a du monde?	Are there many people?
j'y vais de temps en temps	I go there from time to time
ça me fait plaisir	I like it / it gives me pleasure
il y en a d'autres	there are others

A VOUS DE PARLER

 16 Now it's your turn to express your own opinions about the sort of television programmes that you like to watch. Listen to Walter's questions on the recording and take your time to reply. There are no prompts for your answers. When you have finished, listen to how Brigitte answered the same questions. If you are working with a partner, take it in turns to ask each other the following questions:

- Est-ce que vous regardez souvent la télévision le soir pour vous détendre?
- Qu'est-ce que vous aimez comme programmes?
- Aimez-vous les films étrangers?
- Est-ce que vous préférez regarder les films étrangers en version originale ou doublés?

 17 You have just spent the weekend with some friends who are great fans of a particular sport. Recount how you spent the weekend and what you all did. Try to use some of the vocabulary and expressions that you learned from **Dialogue 1**. Then listen to Walter telling you about the weekend he spent with some friends of his who are football fanatics.

RADIO

 18 Listen to the radio extract and answer these questions about the charity concert which is going to be held in aid of research into cell disease (**les recherches sur les maladies cellulaires**). The orchestra will be conducted (**dirigé**) by Zubin Mehta.

a Where will it be held? _____

b Whose works will be played? _____

c Which orchestra will be playing? _____

| Transcript p. 216 | **d** Which **arrondissement** is the theatre in? _____

| Answers p. 72 | **e** What is the number for telephone bookings? _____

EXERCISE 1

B.: 12.00; 19.15; 20.00; 23.10. **J.-F.:** 12.15; 15.50; 23.10

EXERCISE 2

(a) *Les aventures de Tom Sawyer; Roméo et Juliette* **(b)** *Audrey Rose*; probably *Les aventures de Tom Sawyer* **(c)** English, with French subtitles; excellent – better than dubbing the 'fluid and undulating' English **(d)** a German serial in 13 episodes **(e)** they can't find the way out **(f)** the fastest man in the world **(g)** Ivy is the reincarnation of his own daughter, who died in a car crash

EXERCISE 3

TF1: 20.55; *Les trois frères*; comedy; French
France 2: 20.55; *Le client*; detective film; American, dubbed into French **M6:** 20.50; *Le cercle de la peur*; psychological thriller; German, dubbed into French **M6:** 22.35; *Pour le meilleur et pour le pire*; detective film; French **Canal +:** 20.30; football

EXERCISE 5

(a) ii (lines 6–8) **(b)** iii (lines 11–12 … have found a place of refuge/welcoming place where they can perform and meet) **(c)** i (lines 24–27 … on the ground floor of the building which it occupies l'Atelier Volant is going to create an extra theatre) **(d)** i (lines 36–39 … whose artistic approach will, we have no doubt, be very much appreciated by the Lausanne public) **(e)** iii (lines 43–45 … This support (i.e. of people who have a subscription) will greatly contribute to the creation of our second room/theatre) **(f)** ii (lines 47–48 … the authorities who have subsidised us) **(g)** iii (lines 55–61 … During these difficult times when economic restructuring haunts and wreaks havoc on the strongest people, entertainment is essential … it is a cure for (economic and pyschological) gloom.) **(h)** i (lines 62–67 … The weather men are forecasting a severe winter, but in the heart of Flon, l'Atelier Volant warmly welcomes the cicadas, the butterflies and other nocturnal animals! – They are likening their customers to nocturnal animals.)

EXERCISE 6

(a) humoristique **(b)** iii **(c)** i & ii **(d)** i **(e)** ii **(f)** ii **(g)** iii **(h)** i & iii

EXERCISE 7

(a) spectacle latino-américain **(b)** tant apprécié **(c)** saison **(d)** au-delà de **(e)** spectacle **(f)** rez-de-chaussée **(g)** consacrée **(h)** démarche artistique **(i)** abonnements **(j)** 'nuit tropicale'

EXERCISE 9

(a) DESCENDU **(b)** RAISON **(c)** DAMES **(d)** PETANQUE **(e)** DISPUTES **(f)** EQUIPE **(g)** JEU **(h)** TAQUINEE **(i)** PRESQUE. The framed word is COMEDIENS.

EXERCISE 10

(a) ii **(b)** i **(c)** iii **(d)** ii **(e)** iii

EXERCISE 11

(a) ✗ **(b)** ✔ **(c)** ✔ **(d)** ✗

EXERCISE 12

(a) chez sa sœur et sa famille **(b)** à jouer au tennis **(c)** parce qu'ils vont même jusqu'à se lever à six heures du matin pour jouer **(d)** leurs enfants **(e)** très bien **(f)** de voir comme les enfants se concentraient **(g)** non **(h)** ils l'ont taquinée

EXERCISE 14

(a) Elle y est allée l'été dernier. **(b)** Il y croit. **(c)** Elle y pense. **(d)** Je m'y intéresse. **(e)** Je m'y adapte. **(f)** Tu y vas demain?

EXERCISE 15

(a) Le club sera fermé ce weekend. / Le club va être fermé ce weekend. **(b)** Nous sommes invités à une soirée samedi prochain. / On est invités à une soirée samedi prochain. **(c)** Le terrain a été vendu. **(d)** Les rues sont nettoyées tous les soirs. **(e)** L'eau a été polluée.

EXERCISE 18

(a) Théâtre des Champs-Élysées **(b)** Beethoven's **(c)** Israeli Philharmonic Orchestra **(d)** the VIIIᵉ **(e)** 723 47 47

5 A VOTRE SANTÉ

WHAT YOU WILL LEARN
- ▶ how to contradict what someone says
- ▶ how to talk about a healthy lifestyle
- ▶ why laughter really is the best medicine

POINTS TO REMEMBER
- ● Do you remember how to use imperatives? You will need to use them early on in this unit, so look at p. 194 of the Grammar summary at the back of the book if you have forgotten how to form them.
- ● Exercise 8 in Unit 3 worked on the relationship between some verbs and nouns, e.g. **augmenter** → **l'augmentation**. Some of these will be coming up again in the vocabulary of this unit, so you might find it useful to look at them again before you start.
- ● In this unit you will come across some superlatives, such as **la ville la plus belle de France** ('the most beautiful city in France'). If you have forgotten how to use superlatives, refer to p. 189 of the Grammar summary at the back of the book. You will come across one of the irregular superlatives in this unit: **le meilleur / la meilleure / les meilleur(e)s** means 'the best'.

BEFORE YOUR BEGIN

The recording that accompanies this course is a resource that you can use over and over again, even if you have finished a particular unit and completed all the exercises that go with it. Listening to French is a wonderful way of improving your accent, your comprehension and your stock of vocabulary and phrases. When you have a job to do that does not involve your brain to any great extent (e.g. having a soak in the bath, doing maintenance on the car, ironing, tidying around the house, gardening, etc.), listen to the recordings and just let the language 'wash over' you. You will be surprised how much of it you remember later on, once you have listened to it several times.

Pas trop de frites...

Danielle	Ah! je suis fatiguée! Toi, tu as toujours bonne mine, tu es en forme, tu es pleine d'énergie – comment tu fais?
Chantal	Ben, j'ai tout un programme. Je fais des exercices, par exemple. Trois fois par semaine, je fais de la gymnastique. Ma sœur m'a donné un disque d'aérobic et trois fois par semaine j'écoute le disque et je fais les exercices.
Danielle	Toute seule?
Chantal	Oh non, non, je suis pas toute seule – c'est difficile toute seule – mais j'ai des copines qui viennent à la maison et puis on fait ça ensemble. Et je t'assure, à la fin de la semaine on est vraiment en forme, on se sent vraiment mieux.
Danielle	Et tu suis un régime...?
Chantal	Pas vraiment un régime, mais enfin...je fais attention à ce qu'on mange. Euh, je fais attention à pas manger des, trop de graisse, et puis pas trop de gâteaux, de choses comme ça. Euh, je fais attention à ce que les enfants mangent aussi. Je leur donne pas trop de frites, par exemple – ils rouspètent, ils en voudraient davantage, mais enfin, je sais bien que c'est bon pour eux!

tu as toujours bonne mine   you always look well

tu es en forme, tu es plein(e) d'énergie   you are in great shape, you are full of energy

comment tu fais?   how do you do it? / how do you manage it?

la copine (le copain)   friend (colloquial)

je t'assure   I assure you, I'm telling you

on se sent vraiment mieux   we really feel better. The verb **se sentir** means 'to feel'. Note also **Je me sens mieux maintenant**, 'I feel better now'.

tu suis un régime...?   are you on a diet? (literally 'do you follow a diet?'). The verb **suivre**, means 'to follow'.

mais enfin   but well. When spoken quickly, as in this case, it sounds more like **m'enfin**.

faire attention à   to be careful about

la graisse   fat, grease

pas trop de gâteaux, de choses comme ça   not too many cakes/biscuits and things like that. Note the use of **de** rather than **des** after an expression of quantity (see **Grammaire** of this unit). A useful expression if you don't know the exact word for something is **quelque chose comme ça**, 'something like that'.

rouspéter   to grumble, to moan

ils en voudraient davantage   they would like more (of them). You will learn more about **en** in the **Grammaire** of this unit.

je sais bien que c'est bon pour eux!   I know that it is good for them! (i.e that I am careful about what they eat)

TRAVAUX PRATIQUES

1

After her conversation with Danielle, Chantal wrote to her sister. Complete the letter using the words below. Listen to the recording again if necessary, but try not to look at the text. **Je t'embrasse** is the equivalent of 'love' (literally 'I kiss you') at the end of a letter.

exercises	se sent	par semaine
disque	maison	comment
bonne mine	en forme	copines

... D'ailleurs, tu te souviens de Danielle? Elle m'a dit aujourd'hui que j'avais toujours _____a et que j'étais toujours _____b. Elle m'a demandé _____c je faisais. Je lui ai dit que c'était à cause du _____d que tu m'as donné. Trois fois _____e, je l'écoute et je fais les _____f. J'ai des _____g qui viennent à la _____h et on fait ça ensemble. A la fin de la semaine, on _____i vraiment mieux. Alors, encore une fois, merci pour le disque!

Je t'embrasse.

Chantal

Answers p. 90

2

Using the transcription of **Dialogue 1** to help you, write out a list of things that parents should and should not do to keep the family members in good health. Use the **vous** form of the imperative. Then use the pictures to help you add to your list of things not to do.

Example: **Faites de la gymnastique.**

_____   _____

_____   _____

_____   _____

_____   _____

_____   _____

Answers p. 90

3 As you will see from the next article, if you just find the time to laugh, you could go a long way to making sure that you stay in good health.

Rire c'est vivre

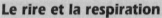

le temps de rire...le temps de vivre...suivez le guide...

Le rire et la respiration

Pendant le rire, la respiration est trois fois plus efficace qu'en temps normal: l'inspiration est plus ample et l'expiration saccadée permet une expulsion plus complète de l'air de réserve. Les échanges gazeux sont trois à quatre fois plus importants. Le rire nettoie et libère les voies aériennes.

Le rire et la digestion

Le rire est une gymnastique abdominale ou encore un 'jogging intérieur'. Il augmente le brassage des aliments au niveau de l'œsophage et l'estomac. Ce brassage permet d'évacuer l'air avalé et lutte ainsi contre l'aérophagie. Par son action sur le système nerveux, le rire augmente la sécrétion des sucs digestifs. Le rire permet donc une meilleure assimilation et une meilleure élimination.

Le rire et le système immunitaire

A la fin des années 80, des chercheurs américains ont réussi à faire la preuve d'une relation entre les émotions positives (dont le rire) et l'efficacité du système immunitaire.

Cette découverte permet d'expliquer une bonne partie d'améliorations ou de guérisons de maladies constatées dans la pratique des médecins et qui, faute d'explications connues, ressemblaient à des miracles!

Le rire stimule en particulier les cellules NK (Néo-Killer = cellules tueuses) dont la fonction est d'éliminer les intrus (virus, bactéries, etc....). Elles s'attaquent également aux cellules cancéreuses.

Le rire fait baisser la sécrétion de cortisone, responsable de l'affaiblissement du système immunitaire.

Le rire et le sommeil

Le rire favorise un sommeil de qualité. Par son action relaxante (physique et psychique) il supprime les tensions internes et il décontracte la musculature. Le rire dissipe les idées noires qui empêchent l'endormissement. Le rire 'consomme' l'adrénaline (hormone de l'éveil) et permet ainsi à la sérotonine (hormone du sommeil) de jouer son rôle.

Le rire et la société

Le rire favorise la convivialité et reflète la 'bonne santé' d'un groupe (familial, amical, social ou professionnel). Le rire favorise la communication. Le rire fait office de ciment entre les membres d'un groupe.

Face aux multiples 'agressions' de la vie quotidienne, le rire est une soupape de sécurité.

le rire laughter; **rire**, 'to laugh'
saccadé(e) jerky
les voies (f.) **aériennes** air passages
le brassage mixing. **Brasser** can mean 'to toss' (a salad) or 'to brew' (beer).
l'aéorophagie (f.) abdominal wind
les sucs (m.) **digestifs** gastric juices
le chercheur researcher
réussir à + infinitive to succeed in (doing something)
la guérison recovery, healing; **guérir**, 'to heal, to cure'
faute de for want of
le sommeil sleep
les idées (f.) **noires** dark/negative thoughts
l'endormissement (m.) falling asleep; **s'endormir**, 'to fall asleep'
l'éveil (m.) awakening
faire office de to act as, to serve as
la soupape valve; **la soupape de sécurité**, 'safety valve'

According to this article, which of the following statements are true? You do not have to understand every word to do the exercise.

		True	False
a	When you laugh you do not expel as much air from your lungs as normal.	☐	☐
b	Laughter helps keep problems of abdominal wind at bay.	☐	☐
c	American scientists proved that there was no positive link between laughter and an efficient immune system.	☐	☐
d	Some apparently miraculous cases of healing could be due to the fact that a positive outlook (including laughter) seems to be linked to an efficient immune system.	☐	☐
e	Laughter attacks NK cells.	☐	☐
f	Laughter attacks cancer cells.	☐	☐
g	Laughter increases the secretion of cortisone, which is responsible for strengthening the immune system.	☐	☐
h	Laughter promotes good sleep by relaxing muscles and getting rid of internal tension.	☐	☐
i	Laughter increases the amount of adrenaline that the body produces.	☐	☐
j	Laughter can act as a safety valve for the stresses and strains of daily life.	☐	☐

Answers p. 90

4 Listen to Brigitte discussing with Walter the benefits, **les bienfaits**, of laughter, and find the French for the following.

a I'm not on form / I'm not feeling that good _____

b How do you do it? _____

c you are always smiling _____

d What do you mean, you've 'discovered' laughter?

_____

e I'm telling you / I assure you that I really feel better _____

_____

f laughter is a real 'internal jog' _____

_____

g on the level of digestion / as far as digestion is concerned _____

_____

h laughter can help us to have a more positive attitude towards life in

general _____

_____

i it helps me to face all the stresses and strains of daily life _____

Answers p. 90

_____

5 Follow the prompts on the recording to answer Walter's questions about your own fitness programme. You will need:

au contraire on the contrary
est essentiel à is essential for

DIALOGUE 2

Un peu trop d'alcool?

Denis Poirier   Bonjour. Ici Denis Poirier. Je m'adresse à ceux qui disent: 'L'alcool? Moi? Je n'en bois pas!' C'est possible, mais le vin, les apéritifs, la bière, c'est aussi de l'alcool, et vous en buvez...un peu trop peut-être. Ayez donc la curiosité de compter le nombre de verres que vous buvez dans une journée. Et n'oubliez pas: apéritif, vin, bière, digestif, tout s'additionne – là est le danger!

s'adresser à   to speak to (literally 'to address oneself to')
l'alcool (m.)   alcoholic drink
Je n'en bois pas!   I don't drink any! You will learn more about **en** in the **Grammaire** of this unit.
vous en buvez   you drink some

ayez   have. This is the imperative form of the verb **avez** (see the **Grammaire** in Unit 3).
compter   to count
le digestif   liqueur
tout s'additionne   it all adds up
là est le danger   that's where the danger lies

TRAVAUX PRATIQUES

6   Listen to the dialogue again and decide which of these statements are true. There may be more than one for each question.

	Vrai	Faux
a Denis Poirier s'adresse aux gens qui...		
i ne boivent pas d'alcool.	☐	☐
ii considèrent qu'ils ne boivent pas d'alcool.	☐	☐
iii boivent du vin, des apéritifs et de la bière, mais ne pensent pas faire une grande consommation d'alcool.	☐	☐
b Il dit que le vin, les apéritifs et la bière...		
i sont aussi des alcools.	☐	☐
ii ne sont pas vraiment des alcools.	☐	☐
c Il dit que les gens boivent...		
i beaucoup trop de ces boissons.	☐	☐
ii peu de ces boissons.	☐	☐
iii peut-être un peu trop de ces boissons.	☐	☐
d Il leur propose...		
i d'augmenter leur consommation quotidienne d'alcool.	☐	☐
ii de diminuer leur consommation quotidienne d'alcool.	☐	☐
iii de calculer leur consommation quotidienne d'alcool.	☐	☐
e Il les avertit que...		
i l'on peut facilement oublier tout ce que l'on boit en une journée.	☐	☐
ii les apéritifs et les digestifs sont plus dangereux que d'autres boissons.	☐	☐
iii la somme de toutes les boissons que l'on prend peut être plus grande qu'on ne le pense.	☐	☐

Answers p. 90

7 This next article dispels some of the most popular myths about alcohol.

LES FAUSSES IDÉES SUR L'ALCOOL

■ **Quand on boit de l'alcool, on n'a plus soif.** Pas vraiment. Passé le premier effet de satisfaction, l'alcool au contraire déshydrate, notamment en faisant uriner davantage. C'est d'ailleurs cette déshydratation qui provoque l'effet de 'gueule de bois' après excès.

■ **L'alcool donne des forces.** Non, l'alcool provoque dans un premier temps un sentiment d'euphorie qui donne une sensation de force. L'épuisement à l'effort est très rapide, voire dangereux.

■ **L'alcool réchauffe.** C'est une sensation de chaleur due à la dilatation des vaisseaux situés sous la peau. En réalité la température du corps baisse d'un demi-degré par fraction de 50 g d'alcool absorbé. La sensation de chaleur peut donc masquer un abaissement de température et entraîner des problèmes graves par temps froid.

■ **Dilué dans l'eau, l'alcool ça va.** Mélanger un alcool à de l'eau peut en modifier le goût et la facilité d'ingestion, mais ne change pas la quantité d'alcool absorbée.

■ **L'alcool donne de meilleurs réflexes.** Absolument pas. Dès les premiers prises d'alcool, les capacités de réaction sont altérées. Avec une alcoolémie de 0,80 g/l la distance de freinage d'un véhicule roulant à 100 km/h est augmentée de 14 mètres. De plus, l'inadaptation des gestes et les troubles de la vision peuvent être sources d'accidents graves.

■ **L'alcool ne fait pas grossir.** L'alcool apporte 7 calories par gramme. Il y a environ 100 calories dans un verre de vin. De plus, il s'agit de calories favorisant le stockage de 'mauvaises graisses'.

■ **Les hommes supportent mieux l'alcool que les femmes.** C'est en partie vrai mais il faut nuancer. Pour une même quantité d'alcool, l'alcoolémie varie selon les individus, quel que soit leur sexe. Plusieurs facteurs interviennent dont l'accoutumance, la vitesse d'élimination du foie, le poids, la prise de médicaments, l'absorption d'aliments… Homme ou femme, l'imprégnation alcoolique est une réaction personnelle, mais qui, dans tous les cas, influence le comportement.

déshydrate to dehydrate; **la déshydratation** means 'dehydration'
davantage more
la gueule de bois hangover. **La gueule** is a very informal word for 'mouth', so the expression literally means a 'wooden mouth'.
l'épuisement (m.) exhaustion; from **épuiser**, 'to exhaust'
voire or even
la peau skin
baisser to fall, to drop, to go down
entraîner to lead to
l'alcoolémie (f.) presence of alcohol in the blood

le freinage braking; **les freins** are 'brakes' and **freiner** means 'to brake'
l'inadaptation (f.) (here) misjudgement, clumsiness
faire grossir to make (someone) put on weight
il s'agit de it's a question of, it's a case of
nuancer to qualify (a statement)
quel que soit… whatever…may be
l'accoutumance the extent to which one is accustomed to (something), addiction; **être accoutumé(e) à faire** means 'to be accustomed to doing'
le foie liver
le comportement behaviour

Match up the halves of these sentences from each column to make 7 sentences correcting myths related to alcohol. See if you can do the exercise without referring back to the article first, and then check if you need to.

a L'alcool déshydrate parce qu'
b Après avoir bu
c Quand on boit
d Même si on dilue l'alcool
e L'alcool ne donne pas de meilleurs réflexes, au contraire
f Dans un verre de vin
g L'alcool

i   la température du corps baisse.
ii   on en absorbe toujours la même quantité.
iii influence le comportement.
iv   il fait uriner davantage.
v   il y a environ 100 calories.
vi   on est vite épuisé.
vii il perturbe les gestes et la vision.

Answers p. 90

An advert with warning slogan

8

If you are calorie counting, beware, there are hidden calories lurking everywhere. Listen to Walter's warnings and make a list of the 12 things that he mentions as being high in calories.

a _____   g _____
b _____   h _____
c _____   i _____
d _____   j _____
e _____   k _____

Answers p. 90

f _____   l _____

Après une soirée où il a trop bu, un homme va voir son médecin. « Ça ne va pas du tout, docteur », dit-il. « Faites quelque chose pour moi! »
Le médecin l'examine attentivement et lui déclare: « Je ne trouve rien d'anormal. Je suis désolé, mais franchement, je crois que c'est à cause de l'alcool... »
« Vous êtes tout excusé », dit le patient, « je reviendrai vous voir quand vous n'aurez pas bu. »

Source: Association Nationale de Prévention de l'Alcoolisme, 20 rue Saint-Fiacre, 75002 Paris. Tél. 01 42 33 51 04

---

quand vous n'aurez pas bu   when you haven't been drinking

9

Here are some ways to contradict someone. You will need them for Exercise 10. Repeat them after Brigitte on the recording, paying particular attention to copying her intonation and pronunciation.

Ce n'est pas vrai! / C'est pas vrai!   That's not true!
Vous avez tort (de croire que...)!   You're wrong (to think that ...)!
Au contraire!   On the contrary!
Il est faux de dire que...   It is wrong to say that...
Vous vous trompez!   You're wrong!
Je (ne) suis pas d'accord avec vous!   I don't agree with you!

10

On the recording, Walter makes a series of statements about alcohol that you know to be false. Use the expressions from Exercise 9 to take part in this speaking exercise, following Philippe's prompts. You will need:

déshydrate le corps   dehydrates the body
quel que soit leur sexe   whatever their sex may be

Aspirine sans contrôle médical?

Sœur Marie	Le médicament que l'on rencontre le plus souvent lorsque les personnes arrivent, c'est l'aspirine, parce que les personnes âgées ont… des rhumatismes, des épisodes douloureux, et elles ont l'habitude de prendre de l'aspirine sans contrôle médical, sans surveillance. Et on les met en garde: l'aspirine est un très bon médicament, mais… il faut une surveillance médicale. Prise à grosses doses, elle risque de donner des ulcères gastriques ou des hémorragies… Alors c'est comme tout médicament – il ne faut pas le prendre de façon habituelle sans contrôle médical.
Michel	Et on peut le prendre à n'importe quel moment?
Sœur Marie	Alors, je crois qu'il est préférable de le prendre au cours du repas, de façon à ce que le médicament se trouve mélangé aux aliments. Ainsi la paroi gastrique n'est pas, est moins atteinte. De même il est recommandé de ne pas… prendre d'alcool, enfin, tout au moins de ne pas en abuser, à cause, justement, des effets sur la paroi gastrique.

l'épisode (m.)   bout
elles ont l'habitude de   they are used to.
 Elles refers to **les personnes** (f.) **âgées**,
 which means 'the elderly'.
le contrôle, la surveillance   supervision
on les met en garde   we alert them, we
 warn them
l'hémorragie (f.)   haemorrhage
à n'importe quel moment   at any time. See
 the **Grammaire** in this unit for various
 expressions with **n'importe**.

au cours de   during (the course of)
de façon à ce que   in such a way that
la paroi gastrique   stomach wall
atteindre   to affect; here the past participle
 atteinte, meaning 'affected', has the
 feminine **-e** ending because it is referring
 to **la paroi gastrique**.
de même   in the same way, similarly
enfin, tout au moins de ne pas en abuser
 or at least not in excess
justement   precisely

11 Listen to **Dialogue 3** again to find the synonyms (words that mean the same thing) for the following words. They are listed in the order in which they appear in the dialogue. Try to do the exercise without referring to the transcript, and then use it to fill in any gaps and check spellings.

ENTREE PIETONS
HOPITAL de CIMIEZ
Entrée Principale rue
Ave Reine Victoria

Synonym	*Word(s) in the dialogue*
a quand	_____
b les vieux	_____
c elles sont accoutumées à	_____
d une surveillance médicale	_____
e il ne faut pas le prendre continuellement	_____
f on peut le prendre quand on le veut?	_____
g il vaut mieux	_____
h pendant le repas	_____
i brassé avec	_____
j en boire trop	_____

Answers p. 90

12 Here is an extract from an article on migraines – by a journalist who found an unusual cure for hers.

Migraine: causes et remèdes

Je suis une migraineuse guérie, ou presque. Mais depuis cinq ans seulement. Pas de quoi se vanter, pour une journaliste qui navigue depuis vingt ans dans les milieux médicaux! Je croyais que c'était une fatalité, ces crises qui, périodiquement, me jetaient sur mon lit pour trois jours, tête enfouie dans l'oreiller.

Le hasard seul est venu à mon secours. Le hasard, c'est le fait de m'être excusée pour un dîner chez un ami rhumatologue. « *Je suis alitée…migraine.* » Quand je le revois, il questionne: « *Vos migraines…à ce point? J'ai entendu dire qu'un produit normalement prescrit pour tout autre chose est parfois efficace en traitement de fond.* » Ordonnance. Je m'exécute. Les migraines ont cessé.

Au bout d'un an, j'ai osé stopper le traitement. Je n'ai plus de crises qu'exceptionnelles. Le produit: un antiépileptique. Non, je ne suis pas épileptique. Il n'est pas rare qu'un médicament prévu pour une affection se révèle par hasard efficace dans un autre domaine…

pas de quoi se vanter nothing to boast about
enfouir to bury
l'oreiller (m.) pillow
le hasard chance, coincidence, luck
le/la rhumatologue rheumatologist
alité(e) in bed
à ce point (here) that bad

prescrire to prescribe
le traitement de fond in-depth treatment (i.e. treatment of the cause, not the symptoms)
l'ordonnance (f.) prescription
s'exécuter to comply
au bout de after (length of time), at the end of
oser to dare
l'affection (here) ailment

a Depuis combien de temps est-ce que la journaliste est (presque) guérie? _____

b Quand elle avait une migraine, pendant combien de temps était-elle alitée? _____

c Chez qui est-ce que la journaliste devait dîner?

_____

d Quel genre de produit lui a-t-il prescrit? _____

e Qu'est-ce qui arrive parfois par hasard?

_____

Answers p. 90   _____

13 Homoeopathy is very popular in France, and is reimbursed by the state in the same way as conventional medicine. Listen to Walter telling Brigitte about his miracle cure for heartburn, and say whether the following statements are true or false.

les brûlures (f.) **d'estomac**   heartburn
conseiller   to recommend; **conseiller à quelqu'un de...** 'to advise someone to...'
une granule   granule, tiny pill

		Vrai	Faux
a	Walter et Brigitte ne se sont pas vus récemment.	☐	☐
b	Walter va mieux que la dernière fois.	☐	☐
c	Walter est presque guéri maintenant.	☐	☐
d	Le médecin a conseillé à Walter de consulter l'homéopathe.	☐	☐
e	Au bout de trois jours Walter a arrêté le traitement.	☐	☐
f	Depuis Walter a eu très peu de crises.	☐	☐
g	On ne doit pas prendre de médicaments homéopathiques au cours d'un repas.	☐	☐
h	A grosses doses les remèdes homéopathiques peuvent être très dangereux.	☐	☐

14 Now it's your turn to speak. Walter is playing the part of a doctor and asks you about your elderly mother's medication. Follow Philippe's prompts to answer Walter's questions. You will need:

   depuis   for (+ length of time)
elle sait que   she knows that

GRAMMAIRE

n'importe

In **Dialogue 3** you heard Michel ask: **On peut le prendre à n'importe quel moment?** 'Can you take it at any time?' (literally 'at no matter which moment').

- **N'importe** is a useful expression found in a variety of contexts which means 'no matter' or 'any':
  Vous trouverez ce médicament dans n'importe quelle pharmacie.
  You'll find this medicine in any pharmacy.

- It is used to refer to people and objects (anybody/anyone, anything) with **qui** and **quoi**:
  Ça peut arriver à n'importe qui.
  It can happen to anyone.

  Il dit n'importe quoi.
  He says any old thing. (i.e. he talks nonsense)

- When referring to time, manner and place (anytime, anyhow, anywhere), it is followed by **quand**, **comment** and **où**:
  Vous pouvez m'appeler n'importe quand.
  You can call me anytime.

  Elle s'habille n'importe comment.
  She dresses any old way / any old how.

  Est-ce que les places sont numérotées? – Non, vous pouvez vous asseoir n'importe où.
  Are the seats numbered? – No, you can sit anywhere.

15 Which word goes in which space: **quoi**, **où**, **quand** or **quelle**?

a   Tu préfères aller au cinéma ou au restaurant? – Oh, n'importe ____.
b   Ce que tu dis à propos de la pollution est ridicule! Tu racontes n'importe _____!
c   Vous pouvez me téléphoner à n'importe _____ heure.
d   Cette lettre n'est pas urgente, tu peux la poster n'importe _____.
e   Vous trouverez un homéopathe n'importe ____ en France.

Now translate into French:

f   The children eat anything! (i.e. any old rubbish, junk food, etc.)
   _____

g   The children eat anywhere!
   _____

h   The children eat any old how! (i.e. without minding their table manners)
   _____

i   The children eat at any time! (i.e. at any strange time of the day)
   _____

Answers p. 90

The pronoun en

In the **Grammaire** in Unit 4 you learned how the pronoun **y** is used to replace **à** + a noun. The pronoun **en** works in a very similar way, except that it is used to replace replace **de** + a noun. Here are some examples:

Ils en voudraient davantage. (Dialogue 1)
They would like more (of them).
(Ils voudraient davantage de frites.)

Vous pouvez en prendre quatre fois par jour.
You can take them four times a day.
(Vous pouvez prendre des cachets d'aspirine quatre fois par jour.)

Note that in this last case, **en** comes before the verb **prendre** and not before **pouvez** because the meaning is that you can 'take them', not you 'can them'.

As you will see, the English translation of **en** will vary, according to the context. Here are some more examples:
Tu as assez d'argent? – Oui, Maman m'en a donné.
Do you have enough money? – Yes, Mum gave me some.
(Maman m'a donné de l'argent.)

Même si la majorité des Français sont conscients du problème, beaucoup ne s'en préoccupent pas trop.
Even if the majority of French people are conscious of the problem, many aren't terribly concerned about it.
(...beaucoup ne se préoccupent pas trop du problème.)

Les criques, sur la côte atlantique, c'est difficile. Il y en a pas, hein!
Creeks on the Atlantic coast, that's difficult. There aren't any (of them)!
(Il n'y a pas de criques.)

16 Rewrite the following sentences, replacing the underlined words with **en**. If there is more than one verb, put the **en** before the second verb.

a   Elle revient de Nice demain. _____
b   Les enfants adorent manger des frites. _____
c   Je fais attention à ne pas manger trop de choses grasses.

_____
d   Tu bois souvent de l'alcool? _____
e   Elle a l'habitude de prendre de l'aspirine tous les jours.

_____ | Answers p. 90 |

Ne pas and the infinitive

In **Dialogue 3** you heard Sœur Marie say:

il est recommandé de ne pas prendre d'alcool
it is advisable not to have alcohol

And in **Dialogue 1** you heard Chantal say:

je fais attention à (ne) pas manger trop de graisse
I'm careful not to eat too much fat

You will see that in both cases the **ne pas** came together before the verb (except in colloquial speech, where the **ne** is often missed out). The rule is that if the verb is in the infinitive, then **ne pas** comes before it instead of on either side of it.

This rule also holds true for **ne jamais**, **ne plus** and **ne rien**.

EXPRESSIONS IMPORTANTES

Ce n'est pas vrai! / C'est pas vrai!	That's not true!
Vous avez tort (de croire que...)!	You're wrong (to think that …)!
Au contraire!	On the contrary!
il est faux de dire que...	it is wrong to say that …
Vous vous trompez!	You're wrong!
je (ne) suis pas d'accord avec vous	I don't agree with you
tu as toujours bonne mine	you always look well
tu es en forme, tu es pleine d'énergie	you are in great shape, you are full of energy
Comment tu fais?	How do you do it? / How do you manage it?
trois fois par semaine	three times a week
trois fois plus efficace que	three times as efficient as
trois à quatre fois plus important	three to four times greater
suivre un régime	to follow a diet, to be on a diet
Tu suis un régime?	Are you on a diet?
les idées noires	dark/negative thoughts
le rire dissipe les idées noires	laughter dispels negative thoughts
il est préférable de	it is preferable to
il est préférable de le prendre au cours du repas	it is preferable to take it during a meal
il est recommandé de	it is advisable to
il est recommandé de ne pas prendre d'alcool	it is advisable not to have any alcohol
par hasard	by chance
le hasard	chance, luck
le hasard est venu à mon secours	luck came to my rescue
conseiller à quelqu'un de	to advise someone to
il m'a conseillé d'aller voir un médecin	he advised me to go and see a doctor
je sais bien que c'est bon pour eux	I know that it's good for them
cette découverte permet d'expliquer	this discovery enables us to explain
tout s'additionne	it all adds up
c'est en partie vrai	it's true to a certain extent / it's partly true
il s'agit de	it is a question of, it's a case of
à n'importe quel moment	at any time
réussir à faire	to succeed in doing
s'adresser à	to speak to (literally 'to addresss oneself to')
faute de	for want of
en réalité	in reality
justement	precisely

17 Talk in French about what you do to keep fit and your philosophy of healthy living. Try to re-use the expressions and vocabulary that you've learned in this unit. You don't have to be 100 per cent honest! There are no prompts for this, but listen to the model on the recording when you have finished. If you are working with a partner, try asking each other questions about what sports you do, your diet, etc. Brigitte tells you how she approaches the issue of healthy living on the recording.

RADIO

18 Listen to the announcement and complete this information sheet.

> **CLUB OMNISPORT** (____a **arrondissement**)
>
> *Class:* **KEEP FIT FOR WOMEN**
>
> *Starting date:* _____b
>
> *Days/times of classes:*
>
> _____c
>
> _____d
>
> *Enrolment dates/times:*
>
> _____e
>
> _____f
>
> and at the start of each session.
>
> *Number of hours per week:* ___g

Transcript p. 217

Answers p. 90

EXERCISE 1

(a) bonne mine   **(b)** en forme   **(c)** comment
(d) disque   **(e)** par semaine   **(f)** exercices
(g) copines   **(h)** maison   **(i)** se sent

EXERCISE 2

Faites des exercices / Faites de la gymnastique;
Faites attention à ce que vous mangez; Faites
attention à ne pas manger trop de graisse et de
gâteaux / Ne mangez pas trop de graisse et de
gâteaux; Ne donnez pas trop de frites aux enfants.
You might also add, e.g.: Ne buvez pas trop
d'alcool; Ne fumez pas; Ne mangez pas trop de
viande; Ne mangez pas trop; Ne buvez pas trop
de café.

EXERCISE 3

True: **b, d, f, h, j.**   False: **(a)** une expulsion plus
complète (you expel *more* air); **(c)** ont réussi à faire
la preuve d'une relation; **(e)** stimule…les cellules
NK; **(g)** fait baisser la sécrétion de cortisone,
responsable de l'affaiblissement du système
immunitaire; **(i)** consomme l'adrénaline (uses up
adrenaline).

EXERCISE 4

(a) je ne suis pas en forme   **(b)** Comment tu fais,
toi?   **(c)** tu es toujours souriante   **(d)** Qu'est-ce
que tu veux dire, tu as découvert le rire?   **(e)** je
t'assure que je me sens vraiment mieux   **(f)** le
rire est un véritable 'jogging intérieur'   **(g)** au
niveau de la digestion   **(h)** le rire peut nous aider
à avoir une attitude plus positive envers la vie en
général   **(i)** il m'aide à faire face à toutes les
'agressions' de la vie quotidienne

EXERCISE 6

(a) ii & iii   **(b)** i   **(c)** i (possibly – his whole talk
suggests it) & iii   **(d)** ii (again, this is what his talk is
trying to get people to do) & iii   **(e)** i & iii

EXERCISE 7

(a) iv   **(b)** vi   **(c)** i   **(d)** ii   **(e)** vii   **(f)** v   **(g)** iii

EXERCISE 8

(a) les frites   **(b)** les gâteaux   **(c)** le chocolat

(d) le beurre   **(e)** les pistaches (pistachio nuts)
(f) les noisettes (hazlenuts)   **(g)** l'apéritif   **(h)** les
sauces à la crème   **(i)** les pâtes (pasta)   **(j)** le
fromage   **(k)** les jus de fruits   **(l)** le vin

EXERCISE 11

(a) lorsque   **(b)** les personnes âgées   **(c)** elles
ont l'habitude de   **(d)** un contrôle médical
(e) il ne faut pas le prendre de façon habituelle
(f) on peut le prendre à n'importe quel moment?
(g) il est préférable de   **(h)** au cours du repas
(i) mélangé aux   **(j)** en abuser

EXERCISE 12

(a) depuis cinq ans   **(b)** pendant trois jours
(c) chez un ami rhumatologue   **(d)** un
antiépileptique   **(e)** un médicament se révèle
efficace dans un autre domaine

EXERCISE 13

Vrai: **(a)** Ça fait longtemps qu'on ne s'est pas vus!
(It's ages since we've seen each other!); **b**; **g.** Faux:
(c) je suis complètement guéri, maintenant; **d**; **e**;
(f) plus de crises du tout; **(h)** les remèdes
homéopathiques ne sont jamais dangereux,
même pris à grosses doses.

EXERCISE 15

(a) où   **(b)** quoi   **(c)** quelle   **(d)** quand   **(e)** où
(f) Les enfants mangent n'importe quoi!   **(g)** Les
enfants mangent n'importe où!   **(h)** Les enfants
mangent n'importe comment!   **(i)** Les enfants
mangent n'importe quand!

EXERCISE 16

(a) Elle en revient demain.   **(b)** Les enfants
adorent en manger.   **(c)** Je fais attention à ne
pas trop en manger.   **(d)** Tu en bois souvent?
(e) Elle a l'habitude d'en prendre tous les jours.

EXERCISE 18

(a) XVe **(b)** 19 September   **(c)** Mondays 5–6 p.m.
(d) Wednesdays 7–8 p.m.   **(e)** Wednesday 14
September 7–8 p.m.   **(f)** Thursday 15 September
7–8 p.m.   **(g)** 2

6

LA PRESSE FRANÇAISE

WHAT YOU WILL LEARN
- ▶ something about the national press and its political tendencies in France
- ▶ why regional newspapers are still so popular in France
- ▶ describing which newspapers you read and why
- ▶ talking about the 'gutter press' in your country

POINTS TO REMEMBER

In the course of this unit you will come across a variety of tenses which have come up in the **Grammaire** sections of the previous units: the perfect (Units 1 and 2), the imperfect (Unit 1) and the conditional (Unit 3). If you are unsure of any of these, it might be an idea to refer to the relevant sections before you start.

BEFORE YOU BEGIN

Now that you are half-way through the course, it is worth looking at how you are approaching listening to the three dialogues in each unit. The best way is usually to listen to them two or three times through without consulting the book at all, to see how much you can pick up just by listening. As with reading texts, it helps to make intelligent guesses at the meanings of words before consulting the vocabulary list or a dictionary. Ideally you should only refer to the book once you have made a good attempt at understanding the dialogues just by listening. Remember that your listening skills will take time to build up, so don't be disheartened if you don't manage to understand as much as you would like to without help.

Les journaux nationaux et les magazines hebdomadaires

Marika	Bruno, pouvez-vous me dire quels sont les, les journaux nationaux les plus importants?
Bruno	Il y en a quatre ou cinq, à peu près.
Marika	Oui.
Bruno	Euh…si l'on prend le, le plus à gauche, et le plus lu par les jeunes, c'est sans doute *Libération*. Ensuite, au centre gauche, vous avez *Le Monde* qui est certainement le, le journal le plus connu du point de vue international, que l'on trouvera dans toutes les grandes capitales du monde. Et…ensuite, à droite, au centre droite vous avez *Le Figaro*, enfin *Le Figaro Magazine* est vraiment à droite. A un point de vue un peu moins sérieux, il y a *Ici Paris, France Dimanche*, qui sont très liés, qui sont malgré leurs titres des journaux nationaux.
Marika	Ah oui. Et quotidiens.
Bruno	Et quotidiens. Oui, oui, oui, oui, oui.
Marika	D'accord. Et pour ce qui est de, des magazines hebdomadaires…?
Bruno	Alors, les hebdomadaires, ils se situent dans un créneau très réduit, hein: on a essentiellement *L'Express*…
Marika	Oui.
Bruno	…qui a été fondé dans les années 50 à l'époque de la guerre d'Algérie, il y a *Le*, *Le Point*, qui était une scission de *L'Express,* et (des journalistes ont fait scission) et *Le Nouvel Observateur*, qui est le plus à gauche.
Marika	D'accord. Merci beaucoup.

un magazine hebdomadaire weekly magazine

si l'on prend… if we take… The **l'** here carries no meaning. It is often used before **on** if the word that comes before it ends in a vowel. To the French ear it makes it sound more elegant.

à gauche left-wing

sans doute probably

du point de vue international from an international point of view

que l'on trouvera that you will find. See comment above about **l'**.

à droite right-wing

lié(e) linked, tied

malgré in spite of

le quotidien daily newspaper

le créneau (here) market; **ils se situent dans un créneau très réduit**, 'they are in a very small market'. **Le créneau** can also mean 'gap', 'niche' or 'slot', so **trouver un crénau sur le marché** means 'to find a gap/niche in the market' and **j'ai un créneau à 14 heures** means 'I have a slot at 2 p.m.'. **Se situer** is frequently translated into English as 'to be' where it indicates position, e.g. **la gare se situe en face de la piscine**, 'the station is opposite the swimming pool'; **le journal se situe à droite**, 'the newspaper is right-wing'.

fonder to found

la guerre war

la scission split

faire scission to break away

1 Which of the following words or phrases best describe these newspapers and news magazines? Some publications may have more than one description. Try to do this exercise just by listening to the dialogue.

a	*Libération*
b	*Le Monde*
c	*Le Figaro*
d	*Le Figaro Magazine*
e	*Ici Paris*
f	*France Dimanche*
g	*L'Express*
h	*Le Point*
i	*Le Nouvel Observateur*

i	le magazine hebdomadaire le plus à gauche
ii	un journal un peu moins sérieux
iii	le journal le plus connu du point de vue international
iv	le magazine hebdomadaire qui était une scission de *L'Express*
v	le journal le plus à gauche
vi	un journal au centre droite
vii	le magazine hebdomadaire qui a été fondé à l'époque de la guerre d'Algérie
viii	le journal le plus lu par les jeunes
ix	un journal qui malgré son titre est un journal national
x	le journal que l'on trouve dans toutes les grandes capitales du monde
xi	un journal au centre gauche
xii	un magazine qui est vraiment à droite

Answers p. 108

2 This passage talks about *Le Monde* and about *La Croix*, a newspaper not mentioned by Bruno in **Dialogue 1**.

Le Monde est le journal français de référence par excellence. Le sérieux et la variété de ses informations et de ses articles de commentaires, la valeur surtout de l'équipe de ses rédacteurs rassemblée autour de son fondateur Hubert Beuve-Méry qui a pris sa retraite en décembre 1969 à l'occasion du 25ᵉ anniversaire du journal, en faisaient de tout point de vue une exception dans la presse française: par la structure même de l'entreprise puisque ses salariés, journalistes, cadres et employés possédaient 49 % du capital de sa société éditrice; par sa présentation même, austère et claire à la fois d'où les photos sont exclues; par la richesse de son contenu; par la qualité de son audience enfin qui est la plus jeune et la plus cultivée. Il recrutait régulièrement de nouveaux lecteurs parmi les étudiants et ceux-ci lui restaient en général fidèles après avoir quitté les bancs de l'université.

La Croix, fondée en 1883, est le grand quotidien catholique français. Bien qu'accordant une grande importance aux informations religieuses, il offre sur les grands problèmes politiques et sociaux des articles d'une haute tenue. Ses liens avec la hiérarchie, s'ils lui imposent une grande prudence, ne limitent pas son indépendance.

le journal…de référence there is no one term in English which conveys the meaning of this expression. It means the leading, quality newspaper to which everyone refers.

le sérieux seriousness

le rédacteur (la rédactrice) editor

rassembler autour de to gather around

prendre sa retraite to retire

en faisaient de tout point de vue une exception dans la presse française made it an exception from every point of view in the French press

le salarié (la salariée) (salaried) employee

le cadre executive

l'employé (m.) **(l'employée** (f.)) worker, employee

la société éditrice publishing company

à la fois at the same time

le lecteur (la lectrice) reader

ceux-ci lui restaient en général fidèles in general they remained loyal to it (*Le Monde*)

accorder une grande importance à to attach/give great importance to

des articles (m.) **d'une haute tenue** high-quality articles

ses liens (m.) **avec la hiérarchie** its links with the hierarchy. This is a reference to the fact that Bayard Presse, which owns *La Croix*, belongs to the Catholic Assumptionist Order, who hold a majority share in the newspaper. Therefore the newspaper has very close links with the Roman Catholic Church.

s'ils lui imposent une grande prudence if they impose great caution on it.

This summary of the passage above contains 8 inaccuracies. Underline and then correct them.

> **Le Monde** is *the* leading French newspaper. It occupies an exceptional place in the French press due to the seriousness and variety of its articles and commentaries, the courage of its team of editors. Like many other French newspapers, the employees, journalists, executives and workers own 49% of the capital of the publishing company. The newspaper has an austere and cluttered look about it, with a lot of bright photos. The readership of **Le Monde** includes many young people from the agricultural community and students, who tend to move on to reading other newspapers once they leave university.
>
> **La Croix** is the main French Catholic weekly. It concentrates mostly on high-quality religious articles, and does not give much place to articles concerning major political and social issues. Its links with the hierarchy may give rise to caution but do not place restrictions on its independence.

Answers p. 108

3 Follow Philippe's prompts on the tape to describe the political tendencies of the main daily newspapers in France. You will need:

à gauche	on the left
au centre gauche	on the centre left
le journal de référence par excellence	*the* leading quality newspaper
au centre droite	on the centre right
à droite	on the right

When you feel confident, see if you can describe your own daily and weekly newspapers in terms of their political allegiances.

4 Brigitte is being interviewed as part of a survey to discover the strengths and weaknesses of **Le Monde** in the eyes of its readers. It is your job to fill in the questionnaire below according to her replies. You'll need:

en vitesse	quickly
être pressé(e)	to be in a hurry
le titre	headline
la fenêtre	information given in a box
le chapeau	introduction to an article, often in a different typeface
le manque de	lack of
être gêné(e) par	to be bothered / put out by; from the infinitive **gêner**, meaning 'to disturb, to bother'

Sondage pour *Le Monde*

a Lit *Le Monde*:
　i　tous les jours ☐
　ii　2 à 3 fois par semaine ☐
　iii　de temps en temps ☐

b Trouve la présentation du journal:
　i　claire ☐
　ii　facile d'accès ☐
　iii　difficile d'accès ☐
　iv　sérieuse ☐
　v　austère ☐
　vi　AUTRE (donner des précisions):

　_____

c Temps passé à lire le journal:
　i　moins de 10 minutes ☐
　ii　entre 10 et 20 minutes ☐
　iii　entre 20 minutes et 1 heure ☐
　iv　plus d'une heure ☐

d Façon de lire le journal:
　i　le lit en entier ☐
　ii　lit seulement les articles qui l'intéressent ☐
　iii　lit les titres, les fenêtres et les chapeaux ☐

e Attitude envers le manque de photos:
　i　très gêné par le manque de photos ☐
　ii　un peu gêné par le manque de photos ☐
　iii　pas gêné du tout par le manque de photos ☐

f Raisons pour lesquelles il/elle a choisi *Le Monde*:
　i　une tradition familiale ☐
　ii　ses collègues le lisent ☐
　iii　ça donne du cachet ☐
　iv　un journal sérieux ☐
　v　un journal respecté ☐
　vi　le journal de référence ☐
　vii　AUTRE (donner des précisions):

　_____

g Quand il/elle a commencé à lire le journal:

　_____

h Homme ☐　Femme ☐

Answers p. 108

DIALOGUE 2

La presse régionale

Mireille	Tu lis le journal en ce moment, Marika?
Marika	Oui, comme d'habitude! Au moins deux journaux tous les matins.
Mireille	Tous les matins!
Marika	Presque, oui.
Mireille	Plutôt les journaux nationaux ou régionaux?
Marika	Alors, il y a toujours… je lis toujours un journal national, c'est *Le Monde*, je suis abonnée au *Monde*. Et toi, qu'est-ce que c'est?
Mireille	Moi, c'est marrant, je préfère lire *Libération*, mais c'est plus par paresse parce que… je connais plus le format et le style de *Libération* mais je lis aussi des journaux régionaux.
Marika	Mm…
Mireille	Comme je viens du sud-ouest, je lis *Le Sud-Ouest*, mais je ne trouve pas le même type d'informations, dans *Le Sud-Ouest*. C'est plutôt des informations plus… peut-être plus concrètes, plus immédiates parce que pour les… les nouvelles nationales et… les informations nationales ou internationales, c'est pas terrible, hein! Et c'est comment dans *Le Toulousain*?
Marika	A Toulouse, on a… alors, ça s'appelle pas *Le Toulousain*, c'est *Le Midi Libre*, nous avons *L'Indépendant* et c'est pareil, c'est ce qui se passe dans la région… et pour ce qui est informations nationales et internationales comme tu viens de le dire, c'est pas vraiment intéressant, les analyses ne sont pas souvent très poussées, même pas poussées du tout. Donc, je le regarde pour voir ce qui se passe dans la région, les…, ce qu'y a au cinéma ou des choses comme ça.

comme d'habitude   as usual

être abonné(e) à   to have a subscription to

c'est marrant   it's funny/odd

la paresse   laziness

comme   as

c'est pas terrible   it's not brilliant, it's not very good. Note that **terrible** can mean both 'terrible' and the exact opposite, 'brilliant'. It is rather like the use in English of 'wicked' to mean 'brilliant', while still retaining its original meaning.

c'est pareil   it's similar, it's the same

se passer   to happen. **Qu'est-ce qui se passe?** means 'What's happening? / What's going on?' **Se passer** can also mean 'to go' as in **Comment s'est passée la soirée?**, 'How did the party go?' or **Tout s'est bien passé**, 'Everything went well'.

poussé(e)   thorough, exhaustive

5 The answers to the following clues are in the dialogue. The framed letters spell out the name of one of the regional papers that Marika mentions.

a Marika est abonnée au ✎ .
b Mireille préfère lire ✎ .
c Marika lit au moins ✎ journaux tous les matins.
d Elle trouve les informations du *Sud-Ouest* plus concrètes et plus ✎ .
e Mireille connaît plus le format et le ✎ de *Libération*.
f Les journaux régionaux qui se vendent près de Toulouse s'appellent *Le Midi Libre* et *L'* ✎ .
g Mireille considère que les informations nationales et internationales dans les journaux régionaux ne sont pas ✎ .
h Elle les lit pour voir ce qui se passe dans la ✎ .
i Elle croit que les analyses dans ces journaux ne sont pas très ✎ .

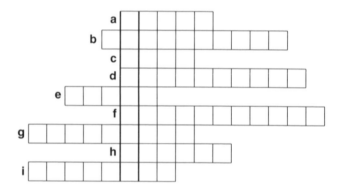

Answers p. 108

Libération

6 This next passage explains one of the ways in which regional newspapers differ from national newspapers.

La satisfaction des sous-publics. Parce qu'il veut viser tous les habitants d'une région, le quotidien de province intègre dans ses facteurs de sélection la satisfaction des *sous-publics*. C'est-à-dire qu'il cherche à présenter des nouvelles qui, loin d'être susceptibles d'intéresser la masse de ses lecteurs, ne concernent qu'une seule partie d'entre eux...

Cette pratique vise certaines catégories sociales, professionnelles, culturelles, religieuses, des minorités ou des groupes ayant un ou plusieurs centres d'intérêts communs. Par exemple, en plus de la page ou de la rubrique de la femme ou des jeunes, on trouve des articles réguliers visant le « 3ᵉ âge » aussi bien que les adeptes de la moto, etc. La confection de pages ou de rubriques spécifiques donne à des lectorats particuliers des informations d'actualité ou pratiques dans le but de leur *rendre service* ou de leur *faire plaisir.* C'est notamment le cas des pages locales où l'on publie des articles sur les noces d'or, les remises de décorations, le bal des pompiers ou des joueurs de pétanque, etc., qui sont très souvent perçus comme des informations banales appauvrissant le contenu du journal de province. La recherche de la satisfaction d'un grand nombre de sous-publics – il y a des exclus, ou des oubliés, comme par exemple les immigrés – correspond à une diversification des « produits » rédactionnels.

le sous-public minority interest audience
viser to target
la province province, rest of the country outside Paris
loin d'être far from being
être susceptible de to be likely to
ne...que only
d'entre eux (here) of them
aussi bien que as well as
un(e) adepte de follower of
la confection preparation
dans le but de with the aim of
faire plaisir à quelqu'un to please someone
la remise de décorations medals/decorations ceremony
être perçu(e) comme to be perceived as
appauvrir to impoverish; **appauvrissant** is the present participle, meaning 'impoverishing' or, here, 'which impoverishes'
rédactionnel(le) (adj.) editorial

Find the French for these words and phrases:

a it tries to report news _____

b common spheres of interest _____

c in addition to _____

d women's column _____

e senior citizens _____

f particular readerships _____

g with the aim of helping them _____

h golden weddings _____

i firemen's ball _____

j there are people who are excluded or forgotten _____

Answers p. 108

7 On the recording Walter describes his newspaper-reading habits. Build up as detailed a 'newspaper reader profile' of Walter as possible by listing, in English, as much information about his reading habits as you can.

_____
_____
_____
_____
_____
_____
_____
_____

Answers p. 108

8 Follow the prompts on the recording to talk about the newspapers that you read. You'll need:

je suis abonné(e) à   I have a subscription to
je suis fidèle à   I'm loyal to
j'avoue que   I admit that

La presse à scandales

Bruno	*Le Canard enchaîné* c'est plutôt des scandales politiques ou financiers qu'ils traitent, hein, c'est pas vraiment des affaires de mœurs. Ça, en France, ça ne nous intéresse pas tellement, les affaires de mœurs.
Mireille	Mm…et qu'est-ce que tu penses des analyses du *Canard enchaîné*?
Bruno	Bien…souvent, elles se sont avérées exactes, elles ont révélé, euh, des vrais, mm, des vrais problèmes de corruption. Parfois aussi, elles ont un peu tendance à déformer la réalité. Récemment, ils accusaient deux hommes politiques d'avoir provoqué un meurtre…d'une femme député. En fait, c'était totalement faux…
Mireille	Mm…et, dans ce sens-là donc, on ne pourrait pas penser à cette presse-là comme à une presse très sérieuse!… Alors qu'ils ont les prétentions pourtant de défendre, d'être assez radicaux quant aux idées qu'ils…
Bruno	C'est une presse d'humour et d'investigation!
Mireille	Oui, je crois que c'est comme ça qu'on peut le voir, je vois ça comme ça aussi.

Le Canard enchaîné leading satirical newspaper that was founded during the First World War. The name literally means the 'shackled duck'. Note that **le canard** is a slang word for a newspaper.

une affaire de mœurs sex scandal, sex case

s'avérer to prove to be; **elles se sont avérées exactes**, 'they have proved to be correct'

avoir tendance à to have a tendency to

l'homme (m.) **politique** politician

provoquer (here) to arrange; more generally 'to cause'

le député deputy, member of parliament

dans ce sens-là in that sense

alors que whereas, even though

pourtant nevertheless

quant à about, concerning, as for

je vois ça comme ça aussi I see it like that as well

Le Canard
enchaîné
Journal satirique paraissant le mercredi

9 Listen again to the dialogue and answer the questions below.

a What type of scandals does *Le Canard enchaîné* concentrate on?

_____

b What type of scandals does it not concentrate on? _____

c Why not, according to Marika?

_____

d What positive point does Marika make about the analyses in *Le Canard enchaîné*?_____

_____

e What negative point does she make?

_____

f What example does she give of this?_____

_____

g Mireille sums up *Le Canard enchaîné* by calling it 'une presse

Answers p. 108   d' _____ et d' _____'.

10 Translate this paragraph about *Le Canard enchaîné* into English.

Né en 1915, *Le Canard enchaîné* est une des plus solides institutions de la presse française qui a résisté aux attaques et critiques de tous les pouvoirs: son indépendance, le ton satirique de ses révélations, le sérieux de ses informations, la vivacité de ses prises de position lui ont acquis une très vaste audience et assuré une influence politique notable.

acquérir   to acquire
la prise de position   stand, stance

_____
_____
_____
_____
_____
_____
_____
_____
_____
_____

Answers p. 108

11

Brigitte is telling Walter how she views the British gutter press, **la presse à scandales**. Fill in the gaps in the transcript below.

Brigitte	Comme tu le sais, je viens de passer un mois à Londres, et j'ai été étonnée par l'influence de _____a.
Walter	Ah bon? Elle est vraiment _____b?
Brigitte	Extrêmement influente! Les gens ont l'air de prendre ses _____c très au sérieux.
Walter	Ce sont des analyses telles que l'on trouve dans *Le* _____d?
Brigitte	Non, pas du tout! C'est plutôt des _____e que des scandales politiques. Il paraît que les Britanniques s'intéressent beaucoup plus aux affaires de mœurs que les Français.
Walter	Et ces affaires _____f en général exactes?
Brigitte	Oh, tu sais je crois qu'ils ont souvent tendance à _____g. Assez souvent les analyses s'avèrent totalement fausses.
Walter	Alors, on ne peut pas considérer cette presse-là comme très _____h!
Brigitte	Elle a la _____i d'être une presse d'investigation, et il est vrai qu'elle est influente, mais à mon avis c'est une presse à scandales pas très sérieuse.

Answers p. 108

12

Follow Philippe's prompts on the recording to talk about the gutter press yourself. You'll need:

elle est très influente	it (the press) is very influential
les affaires de mœurs	sex scandals
elle est très portée sur	it (the press) is very keen on
se sont avéré(e)s exactes	have proved to be correct

GRAMMAIRE

Revision of reflexive verbs

Here are a couple of examples of reflexive verbs from this unit:

les hebdomadaires…se situent dans un créneau très réduit
weekly (magazines) are in a very small market

je le regarde pour voir ce qui se passe dans la région
I look at it to see what is happening in the area

Although reflexive verbs often have the meaning of doing something to oneself or to each other, as you will see from the two examples above, this is not always the case. Some verbs in French are reflexive and simply have to be learned as such. Here are some examples. The ones marked * you have seen in previous units:

*se passer	to happen
*se trouver	to be, to be situated
s'amuser	to have fun
s'occuper de	to take care of, to see to
se renseigner	to make enquiries
s'inquiéter	to worry
se demander	to wonder (literally 'to ask oneself')
se souvenir de	to remember
*se préoccuper de	to be concerned about
*se servir de	to use
*se tromper	to make a mistake
*se rendre à	to go to

And don't forget the expressions **ça se fait**, 'it is done', and **ça ne se fait pas**, 'it's not done'.

Note: when the reflexive verb is used in its infinitive form, the pronoun changes to agree with the relevant person, e.g.:

Je n'ai pas besoin de me laver les mains maintenant.
I don't need to wash my hands now.

13 Choose the correct reflexive pronoun for each of the gaps below.

a   Il fait chaud et les enfants ____ amusent dans le jardin.
b   Tu peux ____ occuper de mon chien pendant mon absence?
c   Je ____ demande ce qu'il y a dans la boîte.
d   Ne _____ inquiétez pas!
e   On ____ souvient très bien des vacances qu'on a passé chez vous.
f   Ne ____ préoccupe pas de ça!
g   Nous _____ rendons à Marseille cet après-midi.
h   Je suis sûre qu'il ____ trompe.
i   Mes parents ____ servent de notre voiture quand on part en vacances.

Answers p. 108

The imperative of reflexive verbs

Here is an example of a reflexive verb in the imperative. Note that the reflexive pronoun **te** becomes **toi**:

Calme-toi!   Calm down!
Calmez-vous!   Calm down!

As you can see, in positive commands the pronoun comes after the verb and is linked to it by a hyphen. In negative commands, however, it comes before the verb:

Ne te rase pas avec ça!   Don't shave yourself with that!
Ne vous inquiétez pas!   Don't worry!

14 Translate these sentences into French, using the imperative of the reflexive verbs shown in brackets. Give both the **vous** and **tu** forms.

a   See the director! **(s'adresser à)** _____
b   Don't wash yourselves there! **(se laver)** _____
c   Don't make a mistake! **(se tromper)** _____
d   Remember me! **(se souvenir de)** _____
e   Don't concern yourselves with that! **(se préoccuper de)** _____

_____

f   Make enquiries over there! **(se renseigner)** _____

| Answers p. 108 |

The perfect tense of reflexive verbs

Reflexive verbs take the verb **être** in the perfect tense, and agree where necessary (i.e. add an **-e** to the past participle if the subject is feminine singular, an **-es** if it is feminine plural and an **-s** if it is masculine plural). Here is an example from this unit showing feminine plural agreement:

Bien souvent les analyses se sont avérées exactes.

Here are a couple more examples:

Je me suis couché(e) tard hier soir.
I went to bed late last night.

Le journal s'est trompé.
The newspaper made a mistake.

15 Now put the infinitive verbs in brackets into the perfect tense, not forgetting to make the past participles agree where necessary.

a   Ça n'a rien à voir avec moi. J'étais loin d'ici quand ça (se passer) _____.
b   Alors, les enfants, vous (s'amuser) _____?
c   Je (se renseigner) _____ hier pour l'abonnement.
d   Est-ce que tu (se demander) _____ quel journal il lit?
e   J'espère que ça ne vous dérange pas, mais nous (se servir) _____ de
    votre bureau.
f   Il (se renseigner) _____ avant de prendre une decision.
g   Elles (s'occuper) _____ de l'affaire.

| Answers p. 108 |

EXPRESSIONS IMPORTANTES

la presse	press
sans doute	probably
malgré	in spite of
comme d'habitude	as usual
du point de vue international	from an international point of view
le quotidien	daily newspaper
un magazine hebdomadaire	weekly magazine
un journal hebdomadaire	weekly newspaper
accorder une grande importance à	to attach/give great importance to
être pressé(e)	to be in a hurry
être abonné(e) à	to have a subscription to
c'est marrant	it's funny/odd
c'est pas terrible	it's not brilliant, it's not very good
c'est pareil	it's similar, it's the same
poussé(e)	thorough, exhaustive
les analyses ne sont pas très poussées	the analyses are not very thorough
viser	to target
dans le but de	with the aim of
faire plaisir à quelqu'un	to please someone
une affaire de mœurs	sex scandal, sex case
la presse à scandales	gutter press
influent(e)	influential
la presse à scandales est très influente	the gutter press is very influential
avoir tendance à	to have a tendency to
je vois ça comme ça aussi	I see it like that as well
les analyses se sont avérées exactes	the analyses have proved to be correct

16

Explain in French what newspaper(s) you read and why. Try to use some of the expressions from **Dialogues 1** and **2** in your answer. When you have done so, listen to Walter talking about a Belgian French-language newspaper.

17

Listen to these questions on the recording and answer them in your own time, using the pause button. Try to reuse the vocabulary and expressions that you have learned in this unit.

- Quel est votre journal régional?
- Est-ce que vous le lisez souvent?
- Pourquoi?
- Que pensez-vous de la qualité de ses informations nationales et internationales?
- Et que pensez-vous de ses analyses en général?
- Quelles sont les rubriques qui vous intéressent le plus?

If you are working with a partner, take turns to ask and answer these questions. Finally, listen to Walter, who answers the same questions on the recording.

RADIO

18

Madame Battistelli when she was **Chef du Département des Affaires Commerciales** talked about the different radio stations run by France's national network, and the audiences that they target.

la Société Nationale de Radiodiffusion   the National Broadcasting Corporation
dit(es)   called
ancien(ne)   old
24 heures sur 24   24 hours a day
recherchant   seeking
l'œuvre (m.)   work
créer   to create
thématique   thematic, for a specific audience
Radio Sept   this station has now been replaced by **le Mouv'**, which is targeted at the same audience
les personnes (f.) **du troisième et du quatrième âge**   old people and extremely old people
émettre   to transmit

Transcript p. 217
Answers p. 108

Working from the recording, try to list in English as many facts as possible about the programming policy of each of the stations listed below.

Station	Programming policy
a France Inter	
b France Culture	
c France Musique	
d Radio Sept (now le Mouv')	
e Radio Bleue	
f Radio France Internationale	

EXERCISE 1

(a) v & viii   (b) iii, x & xi   (c) vi   (d) xii
(e) ii & ix   (f) ii & ix   (g) vii   (h) iv   (i) i

EXERCISE 2

Corrections are in bold. You may use different words – just check the meaning is the same: …the **calibre** of its team of editors. **Exceptionally in the world of the French press**, the employees…an austere and **clear** look about it, with **no photos**…includes many **cultured** young people and students, **who tend to remain loyal to the newspaper** once they leave university. *La Croix* is the main French Catholic **daily. Although it places an emphasis on religious articles, it also contains high-quality articles** concerning major political and social issues…

EXERCISE 4

(a) i   (b) i & v   (c) ii   (d) iii   (e) iii   (f) iv, v & vi   (g)quand elle était étudiante   (h) Femme

EXERCISE 5

(a) MONDE   (b) LIBERATION   (c) DEUX
(d) IMMEDIATES   (e) STYLE   (f) INDEPENDANT
(g) TERRIBLES   (h) REGION   (i) POUSSEES.
The framed letters spell out MIDI LIBRE.

EXERCISE 6

(a) il cherche à présenter des nouvelles
(b) centres d'intérêts communs   (c) en plus de
(d) la rubrique de la femme   (e) le 3ᵉ âge
(f) des lectorats particuliers   (g) dans le but de leur rendre service   (h) les noces d'or (note that one wedding is still les noces)   (i) le bal des pompiers   (j) il y a des exclus, ou des oubliés

EXERCISE 7

Subscribes to *Le Figaro*, reads it every morning, a loyal reader for a long time. Prefers *Le Figaro* to *Le Monde* – too austere and serious. Also reads *La Voix du Nord* once or twice a week because he comes from Lille – but not daily because no time and doesn't find it very interesting. Thinks the national and international analyses are not very thorough. Reads it for the practical information (cinema, theatre, etc.), and also very interested in the regional judo column.

EXERCISE 9

(a) political and financial   (b) sex   (c) don't

interest people in France very much   (d) have often proved to be right – have revealed real problems of corruption   (e) sometimes has a tendency to distort reality   (f) a recent case in which it wrongly accused two politicians of causing the murder of a woman member of parliament   (g) humour; investigation

EXERCISE 10

Your translation will be slightly different. Just check that the sense is the same: Founded (literally 'born') in 1915, *Le Canard enchaîné* is one of the most solid institutions in the French press, which has resisted the attacks and criticisms from all authorities: its independence, the satirical tone of its revelations, the seriousness of its news and the lively stand it takes have gained it a huge audience and assured it notable political influence.

EXERCISE 11

(a) la presse à scandales   (b) influente
(c) analyses   (d) *Canard enchaîné*   (e) affaires de mœurs   (f) s'avèrent   (g) déformer la réalité
(h) sérieuse   (i) prétention

EXERCISE 13

(a) s'   (b) t'   (c) me   (d) vous   (e) se   (f) te
(g) nous   (h) se   (i) se

EXERCISE 14

(a) Adressez-vous au directeur! / Adresse-toi au directeur!   (b) Ne vous lavez pas là! / Ne te lave pas là!   (c) Ne vous trompez pas! / Ne te trompe pas!   (d) Souvenez-vous de moi! / Souviens-toi de moi!   (e) Ne vous préoccupez pas de ça! / Ne te préoccupe pas de ça!   (f) Renseignez-vous là-bas! / Renseigne-toi là-bas!

EXERCISE 15

(a) s'est passé   (b) vous êtes amusés   (c) me suis renseigné(e)   (d) t'es demandé(e)
(e) nous sommes servis   (f) s'est renseigné
(g) se sont occupées

EXERCISE 18

(a) aimed at a mass audience, broadcasts 24 hours a day   (b) aimed at people seeking cultural or educational programmes   (c) broadcasts essentially musical programmes (with introductions and commentaries on the works)   (d) aimed at the young   (e) aimed at the elderly   (f) broadcasts in French throughout the world.

7

QUEL BRUIT!

▶ how to express that you are fed up

▶ how to express outrage

▶ how French people are advised to deal with noise pollution

▶ how noise can affect your hearing

POINTS TO REMEMBER

In the last unit you learned more about reflexive verbs: how to form negative and positive imperatives, and how to form the perfect of reflexive verbs. Your attention was also drawn to the fact that, as a non-native speaker of French, you may sometimes be surprised that certain verbs are reflexive. These verbs just have to be learned.

In this unit, you will come across many more examples of reflexive verbs in the dialogues and in the written passages. Here are some of them:

s'endormir	to go to sleep
se dire	to say to oneself
se coucher	to go to bed
se rendre compte de	to realise
s'appliquer à	to apply to
s'adresser à	to contact
se mesurer	to be measured
se situer	to be, to be situated

BEFORE YOU BEGIN

In the **Grammaire** in this unit you will learn how to form and use the subjunctive in French. Try to adopt a relaxed attitude to the learning of the subjunctive. Once you have learned how it is formed and are aware of what it is, just try to spot it in conversation or writing, and start to build up a 'feel' for when it is used. If you consult a large grammar book, you will find pages and pages of categories of expression that trigger the subjunctive, which may leave you feeling confused and none the wiser. We advocate beginning with a few very frequently used expressions, and becoming familiar with those, before adding to your list little by little. The subjunctive is not a grammar point that you can expect to 'master' overnight. It is more the sort of point that you gradually get a feel for the more you are exposed to the language.

DIALOGUE 1

J'en ai vraiment marre!

Anne	Mireille, j'en ai vraiment marre!
Mireille	T'en as marre de quoi?
Anne	Du bruit! J'en ai marre du bruit! J'en ai marre…les voisins qui, tous les soirs, ils rentrent, c'est toujours à peu près à la même heure en plus, à onze heures, minuit, une heure du matin…ras le bol!
Mireille	Et qu'est-ce qu'ils font exactement comme bruit? Ils mettent leur stéréo très fort ou euh…c'est les claquements de portes…?
Anne	Non, c'est pas ça, c'est…c'est…oui, enfin, c'est tout mélangé en fait. D'abord ils rentrent, claquent bien leurs portes. Ensuite, quand je suis sur le point de m'endormir, c'est toujours quand je suis sur le point de m'endormir, ils commencent à mettre la sono à fond, pendant tout ça c'est le beat là, qui n'arrête pas, là, pendant un quart d'heure, une demi-heure, et bon, tous les soirs!
Mireille	Oui mais, enfin tous les soirs, j'ai du mal à comprendre parce que je pense que les gens peuvent être excessifs, mais tu exagères un peu, non?
Anne	Non, j'exagère pas! Franchement là, tu, tu devrais être à la maison! Tu verrais ce que c'est! Tous les soirs à la même heure, en plus! Si en plus je commence même à, à me dire, bon ce n'est pas la peine que j'aille me coucher à cette heure-là!
Mireille	Mm!
Anne	Parce que…
Mireille	Mais le problème du bruit, c'est aussi quelque chose quand-même de relatif. Moi, je vois par exemple, j'ai des voisins, bon, c'est pas tous les soirs, mais qui jouent de la musique assez fort et de la musique qui fait du bruit et, ma foi, j'écoute ce type de musique et je crois que j'accepte mieux, j'ai un seuil de tolérance meilleur vis-à-vis de tous les bruits.
Anne	Oui, c'est parce que tu aimes cette musique et moi, j'aime pas cette musique! Donc, je n'ai pas l'intention, je ne pense pas que je vais rester comme ça à attendre…leur bon vouloir, en fait. Et donc, je vais faire quelque chose.
Mireille	Et tu penses que c'est comme une forme de pollution sonore!
Anne	Ah tout à fait!

j'en ai marre / j'en ai ras le bol I've had enough, I'm fed up. **Le bol** means 'bowl' and is also a slang word for 'head'. It literally means 'I've had it up to the top of the bowl', the implication being that 'the bowl is full and if there's one more drop it'll overflow'. It is usually accompanied by a gesture with the hand above the head indicating that the bowl is full.

le bruit   noise

le claquement   banging, slamming

être sur le point de   to be just about to, to be on the point of

s'endormir   to fall asleep

la sono   (short for **la sonorisation**) sound system; **mettre la sono à fond**, 'to turn the hi-fi right up'

avoir du mal à   to find it difficult to

tu devrais être à la maison   you should be in my house (to hear what it's like)

se dire   to say to oneself

ce n'est pas la peine que j'aille me coucher   it's not worth my going to bed. **Aille** is the subjunctive form of the verb

aller, triggered here by the use of the expression **ce n'est pas la peine que**.

quelque chose de relatif   a relative thing. If **quelque chose** is followed by an adjective in French, you need to use **de** before the adjective, e.g. **quelque chose de simple,** 'something simple'.

ma foi   (here) well

le seuil   threshold

le bon vouloir   goodwill

la pollution sonore   noise pollution; the adjective **sonore** means 'sound', e.g. **le volume sonore** means 'the sound/noise level'

tout à fait!   absolutely!

1 Listen to what Anne has to say about her noisy neighbours, and then make notes in French under these headings:

(a) Ce que font les voisins d'Anne

_____

_____

_____

(b) Les réactions d'Anne

_____

_____

Answers p. 126

2 This written passage is taken from a brochure called ***Crises de bruit: des réponses*** (from ARENE Ile-de-France), which gives people practical help with noise problems. Here is part of the section on what to do about noisy neighbours.

Voisinage

Si votre problème n'est pas lié à la qualité de votre appartement mais au comportement trop bruyant de votre voisin... avant tout, faites savoir à votre voisin que vous êtes gêné par ses bruits.

Éventuellement demandez-lui amicalement de venir chez vous pour qu'il puisse s'en rendre compte par lui-même. Si votre voisin ne tient pas ses engagements, écrivez-lui une lettre simple lui rappelant vos démarches précédentes, les résolutions prises et enfin la réglementation s'appliquant à votre problème. Ensuite envoyez-lui une lettre recommandée. Votre voisin ayant refusé toute discussion, et après lui avoir envoyé vos courriers, vous pouvez vous adresser à la mairie du lieu de la gêne.

Le service communal d'hygiène et de santé dans les grandes communes effectuera les démarches et constats nécessaires. Dans les petites communes, adressez-vous à votre maire dont les agents assermentés peuvent dresser des procès-verbaux. Le maire peut également se tourner vers la Direction Départementale des Affaires Sanitaires et Sociales (DDASS) pour effectuer une enquête.

En cas de tapage nocturne, il vous suffit de vous adresser au **commissariat** ou à la **gendarmerie** pour faire constater l'infraction et dresser un procès-verbal immédiatement.

bruyant noisy
faites savoir à votre voisin let your neighbour know, make it known to your neighbour
se rendre compte de to realise
pour qu'il puisse s'en rendre

compte par lui-même (here) so that he can judge for himself. **Puisse** is the subjunctive form of **pouvoir**, triggered here by the phrase **pour que**.

tenir ses engagements (here) to honour one's promises

la démarche step

la lettre recommandée registered letter

le courrier letter, mail

s'addresser à to contact

la mairie town hall, town council

la gêne disturbance, inconvenience

la commune (administrative term) town, district, village; **communal(e)**, 'local council' (adj.)

effectuer to conduct

le constat report

assermenté(e) sworn(-in)

dresser to draw up

dresser un procès-verbal (à quelqu'un) to lodge a formal complaint (against someone). Despite the word **verbal**, **un procès-verbal** is always written (e.g. the ticket that a traffic warden writes out); the act of writing is conveyed by the verb **dresser**.

le tapage din, racket, noise

le commissariat police station

la gendarmerie (military) police station

l'infraction (f.) offence

Here is part of a letter written to a friend by someone who is at his wits' end with his noisy neighbours. He outlines the action that he has already taken. Compare it with the advice in the leaflet, and identify any things that he should not have done, or should have done differently.

... récemment ça ne va pas très bien chez moi. Je t'ai raconté la dernière fois que mes voisins d'en haut faisaient beaucoup de bruit et que je leur avais dit que leur bruit me gênait beaucoup. Ils m'avaient promis de ne pas faire autant de bruit, mais en réalité, rien n'a changé. Alors un soir, quand pour une fois ils ne faisaient pas trop de bruit, j'ai fait un bruit abominable chez moi pour qu'ils puissent s'en rendre compte par eux-mêmes du problème. Je ne leur ai pas parlé depuis. Il y a deux semaines je leur ai mis un mot sous la porte en leur rappelant qu'ils avaient promis de faire moins de bruit, surtout tard le soir, mais je n'ai pas eu de réponse. Donc, demain je vais aller à la mairie demander ce que je peux faire, parce que je n'arrive pas à dormir la nuit!

_____

_____

_____

_____

_____

_____

_____

_____

_____

Answers p. 126

> Les Dupont pendaient la crémaillère avec tous leurs amis. La musique était mise à fond et ils chantaient et dansaient joyeusement. Le téléphone a sonné et Madame Dupont a répondu. Quand elle a raccroché elle a dit à son mari: « Je suis bien contente que nous n'ayons pas pris l'appartement d'à côté. Notre pauvre voisin vient de me téléphoner pour me dire qu'il n'entend plus rien chez lui tellement c'est bruyant! »

pendre la crémaillère	to have a housewarming party
raccrocher	to hang up (the phone)
il n'entend plus rien	he can't hear a thing any more
tellement c'est bruyant	it's so noisy

3

Walter, too, has noisy neighbours. Listen to his problems and then answer the questions.

aboyer   to bark

a List the sources of noise from his neighbours. _____

_____

_____

b What does Walter usually do after 10 p.m.?_____

c What does Brigitte advise him to do? _____

_____

Answers p. 126   **d** What does Walter resolve to do?_____

4

Follow the prompts on the recording to complain about your noisy neighbours. You'll need:

il joue du violon   he plays the violin

Prière de **respecter le repos du voisinage**
La Direction Merci

DIALOGUE 2

Tu as vu ça dans le journal?

Catherine	Tu as vu ça dans le journal? « Exaspéré par le bruit des enfants qui jouaient dans la rue, un homme de 35 ans a pris son fusil et a tiré sur eux, blessant légèrement un enfant. » C'est…c'est horrible!
Stéphane	Oui, mais ça peut se comprendre. Prends l'exemple de ce qui se passe à la maison, avec les enfants de Michèle qui galopent chez eux.
Catherine	Oui, mais enfin – tirer sur un enfant!
Stéphane	Oui, mais, de manière constante, regarde le bruit des motos dans la rue, je ne sais pas, prends…
Catherine	Bon…
Stéphane	…le piano du voisin…
Catherine	Oui, la radio d'Anne-Marie…
Stéphane	D'accord, mais…ben tout ça, tu peux imaginer que la, la somme de tout ça, ça puisse exaspérer quelqu'un et qu'il en arrive à tirer sur quelqu'un.
Catherine	Je veux bien, mais – c'est tellement affreux.

le fusil   rifle
tirer sur   to shoot at
blesser   to injure
légèrement   slightly, lightly
galoper   to run about
la manière   way, manner
la somme   sum
puisse   can; the subjunctive of the verb **pouvoir.** The subjunctive here is triggered by the phrase **tu peux imaginer que.**
il en arrive à tirer sur quelqu'un   it drives him so far that he shoots at someone
je veux bien   I accept that. This is also a polite phrase to use if you are offered something at a meal, meaning 'Yes, please!'

5 Listen to the dialogue and note down the following:

a The five sources of noise which Catherine and Stéphane mention during the course of their conversation:

i _____

ii _____

iii _____

iv _____

v _____

b The French for:

i It's dreadful! _____

ii but it is understandable _____

iii Yes, but come on…to shoot at a child!

_____

iv Okay, but… _____

v it's so awful _____

Answers p. 126

6 Here is an extract from one of the many brochures produced by the **Centre d'information et de documentation sur le bruit**.

La sensation du bruit n'est pas la même pour tout le monde

Chacun aime écouter de la musique, pourtant il arrive souvent que l'amateur d'opéra ou de musique classique considère le rock ou le rap comme une cacophonie.

Nous avons tendance à juger avec plus d'indulgence le bruit que nous faisons, ou que nos proches font, que celui de notre voisinage. On est moins gêné par le bruit que l'on fait soi-même; c'est pourquoi on n'a pas toujours conscience de gêner les autres.

Vous comprenez ainsi pourquoi il est bien difficile de contrôler les bruits de voisinage, d'autant plus qu'aucune mesure objective ne permet de quantifier la nuisance ressentie par un individu.

Source: 'Le bruit d'aujourd'hui', Centre d'information et de documentation sur le bruit.

Find synonyms in the text for the following words:

a cependant _____
b celui qui aime _____
c un bruit désagréable _____
d tolérance _____
e notre famille _____
f l'ensemble de nos voisins _____
g importuné _____
h mesurer _____

Answers p. 126

i une personne _____

7

People can react quite violently when they are exposed to prolonged bouts of noise. Listen to the recording carefully and choose the correct sentence.

a i   Un homme a poignardé le chien de son voisin. ☐
   ii   Un homme a empoisonné le chien de son voisin. ☐
   iii Un homme a empoigné le chien de son voisin. ☐

b i   Il l'a tué parce que le chien a volé un biftek. ☐
   ii   Il l'a tué parce que le chien abîmait son jardin. ☐
   iii Il l'a tué parce que le chien aboyait toute la journée. ☐

c i   Le chien est mort cinquante heures plus tard. ☐
   ii   Le chien est mort cinq heures plus tard. ☐
   iii Le chien est mort cinq jours plus tard. ☐

d i   Brigitte comprend pourquoi l'homme a pu tuer le chien. ☐
   ii   Brigitte ne comprend pas comment l'homme a pu tuer le chien. ☐
   iii Brigitte pense que c'est affreux. ☐

e i   Brigitte a tiré sur un chien quand elle habitait rue Paradis. ☐
   ii   Brigitte a eu envie de tirer sur un chien quand elle habitait rue Paradis. ☐

Answers p. 126

   iii La voisine d'à côté a tiré sur le chien de Brigitte quand elle habitait rue Paradis. ☐

« Pourquoi est-ce que vous vendez des armes et des instruments de musique en même temps? »
« C'est tout à fait logique. Quand quelqu'un vient m'acheter une trompette, c'est presque toujours le cas que son voisin vient une semaine plus tard m'acheter un revolver. »

8

You have come across a similar article to the one that Catherine found. Follow the prompts to tell Walter about it. You'll need:

la nuit   at night

DIALOGUE 3

Le bruit et l'oreille

Rosemonde Pujol   Le bruit, ça se mesure comme le reste, comme la température. Et c'est ainsi que les spécialistes savent qu'une chambre à coucher, la nuit quand on dort, se situe aux environs de 25 décibels – c'est très silencieux. Un réfrigérateur ordinaire ronronne à 30 décibels. Mais l'aspirateur, lui, vrombit aux environs de 80 à 90 décibels. C'est-à-dire que son seul bruit peut couvrir presque tous les bruits environnants: le téléphone qui sonne, le bébé qui crie, l'enfant qui appelle.

Pour vous donner un autre exemple, le bruit du marteau pneumatique se situe à peine au-dessus de l'aspirateur: 100 décibels, donc juste à la limite du seuil qui devient insupportable pour l'oreille, puisque les spécialistes l'appellent « seuil de la douleur »: 120 décibels. Ça, c'est pour les bien-portants, mais pour les personnes déprimées, malades, convalescents, pour les nerveux, le seuil de la douleur peut se situer bien plus bas, et justement, au niveau du vrombissement de l'aspirateur.

c'est ainsi que   this/that is how
ronronner   (literally) to purr
l'aspirateur (m.)   vacuum cleaner
vrombir   to roar, to throb; **le vrombissement**, 'roaring, throbbing'
environnant(e)   surrounding
le marteau pneumatique   pneumatic drill. **Le marteau** usually means 'hammer'.
à peine   scarcely
au-dessus de   above; **au-des<u>ou</u>s de** means 'below'
insupportable   unbearable
l'oreille (f.)   ear
la douleur   pain
les bien-portants   people in good health. **Il se porte bien** means 'he's well / in good health'.
déprimé(e)   depressed
nerveux (nerveuse)   highly strung
bien plus bas   much lower

TRAVAUX PRATIQUES

9 Listen to Rosemonde Pujol again and answer these questions.

a What would give the following decibel-ratings?

25 dB _____

30 dB _____

80–90 dB _____

100 dB _____

b What is the French expression specialists use for a level of 120 dB?

_____

Answers p. 126 **c** Which groups of people have a much lower noise tolerance?

_____

Unit 7   Quel bruit!

Comment le bruit détruit l'oreille

En dehors de toute maladie ou défaut d'audition, la douleur apparaît à 120 dB(A). La fatigue auditive ou surdité passagère apparaît bien en dessous de ce seuil. Par exemple, à la suite d'un concert fortement sonorisé, l'impression d'entendre moins bien est très nette; nos oreilles sifflent, on fait répéter certains mots, on parle plus fort…

Un temps de récupération dans une ambiance calme est alors nécessaire pour rétablir une audition normale. Cette fatigue auditive est considérée comme un signal d'alarme.

Si l'expérience se renouvelle trop souvent, ou si vous devez travailler tous les jours dans une ambiance sonore dépassant 85dB(A), la surdité s'installe: c'est la surdité progressive. Il existe aussi la surdité traumatique due à une exposition courte à un niveau sonore très élevé (explosion).

Il faut savoir que ces surdités sont provoquées par la destruction définitive d'un certain nombre de cellules ciliées. Ceci se traduit par une mauvaise compréhension des signaux sonores qui nous parviennent. La surdité ne veut pas dire ne plus rien entendre mais ne plus comprendre ce que l'on entend.

Un appareillage n'améliore pas ou très peu la situation.

Il faut noter qu'il existe une surdité normale due au vieillissement de nos oreilles: c'est la presbyacousie; il s'agit d'une chute de la perception des sons. Cette surdité peut être corrigée par un appareil amplificateur.

Source: 'Le bruit d'aujourd'hui', Centre d'information et de documentation sur le bruit.

l'audition (f.) hearing; **auditif (auditive)** hearing (adj.)
le défaut d'audition hearing impairment
la surdité deafness
passager (passagère) temporary
fortement sonorisé (here) very loud
net(te) marked, clear
siffler to whistle
se renouveler to happen again

dépasser to exceed
s'installer to become established; to settle (in house, area, etc.)
la cellule ciliée ciliated cell
se traduire par to result in
parvenir to reach
l'appareillage (m.) (here) hearing aid; more generally, 'appliance'; **l'appareil** device
le vieillissement ageing
la chute drop, fall

Write a summary (of about 200 words) of the article in English. Use the points below to ensure that you include the most important information.

- the effects on the ear of going to a loud concert
- what you need to do to restore normal hearing
- under what circumstances progressive deafness sets in
- the causes of traumatic deafness
- what characterises traumatic and progressive deafness
- how this differs from the normal deafness that results from ageing

_____
_____
_____
_____
_____
_____
_____
_____
_____
_____
_____
_____
_____
_____
_____
_____
_____
_____
_____
_____
_____
_____

Answers p. 126

11

Listen to the recording of Walter telling Brigitte his symptoms of deafness. He is so worried he decides to see the doctor and, before he leaves, makes a list of the three symptoms he has. Write out his list in French.

_____

_____

Answers p. 126

_____

12

You've just been to a concert and your hearing is not right. Follow the prompts to tell Brigitte about it. You'll need:

Comment?	What?
super	great
la musique était très forte	the music was very loud

GRAMMAIRE

The subjunctive

So far you have seen a few examples of the subjunctive in the book, but have not yet looked at its use or formation. Here are a couple of examples:

Il faut absolument qu'on <u>parte</u> à l'heure demain matin.
We really must leave on time tomorrow morning.

Bien que je <u>conduise</u>, je t'écoute.
Although I'm driving, I'm listening to you.

Formation

This is how it is formed. Take the **ils/elles** form of the present tense verb, remove the **-ent** ending, and add the following endings:

je	-e
tu	-es
il/elle/on	-e
nous	-ions
vous	-iez
ils/elles	-ent

So, for example, if you take the verb **partir**, the **ils/elles** form is **partent**. If you take off the **-ent**, you are left with the stem **part-**, to which you add the endings:

il faut que <u>je parte</u>	I must leave
il faut que <u>tu partes</u>	you must leave
il faut qu'<u>il</u>/<u>elle</u>/<u>on parte</u>	he/she/we must leave
il faut que <u>nous partions</u>	we must leave
il faut que <u>vous partiez</u>	you must leave
il faut qu'<u>ils</u>/<u>elles partent</u>	they must leave

Note that the verbs **avoir** and **être** are irregular:

<u>être</u>

bien que <u>je sois</u>	although I am
bien que <u>tu sois</u>	although you are
bien qu'<u>il</u>/<u>elle</u>/<u>on soit</u>	although he/she is / we are
bien que <u>nous soyons</u>	although we are
bien que <u>vous soyez</u>	although you are
bien qu'<u>ils</u>/<u>elles soient</u>	although they are

<u>avoir</u>

c'est dommage que <u>j'aie</u>	it's a pity that I have
c'est dommage que <u>tu aies</u>	it's a pity that you have
c'est dommage qu'<u>il</u>/<u>elle</u>/<u>on ait</u>	it's a pity that he/she has / we have
c'est dommage que <u>nous ayons</u>	it's a pity that we have
c'est dommage que <u>vous ayez</u>	it's a pity that you have
c'est dommage que <u>ils</u>/<u>elles aient</u>	it's a pity that they have

Some other verbs are irregular as well. Here is the **je** form of some of the more common ones:

aller   il faut que j'<u>aille</u>

faire	il faut que je <u>fasse</u>
pouvoir	il faut que je <u>puisse</u>
savoir	il faut que je <u>sache</u>

Usage

The subjunctive is used after certain expressions with the word **que**. The list of expressions that 'trigger' the subjunctive is quite long, so here are a few of the more common ones that you can begin to use, shown in example sentences:

<u>Il faut que</u> je <u>parte</u> à six heures.
I have to go at 6 o'clock. [Or: It is necessary for me to go at 6 o'clock.]
(**Il faut que** , literally 'it is necessary that', is only ever used in the **il** form.)

<u>Il est possible/impossible que</u> je <u>fasse</u> cela demain.
It is possible/impossible for me to do it tomorrow.

<u>Il est important que</u> nous lui <u>parlions</u>.
It is important that we talk to him.

<u>Bien que</u> je <u>sois</u> malade, je n'ai pas perdu l'appétit.
Although I am ill, I have not lost my appetite.

J'irai à sa place <u>à moins que</u> tu <u>préfères</u> y aller toi-même.
I'll go in his place, unless you prefer to go yourself.

J'irai au concert <u>pourvu que</u> tu y <u>ailles</u> aussi.
I'll go to the concert provided that you go as well.

Il va vous téléphoner <u>pour que</u> vous <u>sachiez</u> où aller.
He will phone you so that you know where to go.

Il <u>veut que</u> les enfants <u>viennent</u> avec leurs amis.
He wants the children to come with their friends.

Je <u>préfère que</u> tu nous <u>dises</u> la vérité.
I prefer that you tell us the truth.

Il/Elle <u>est content(e)/triste/surpris(e)/déçu(e) que</u> nous ne <u>soyons</u> pas là.
He/She is happy/sad/surprised/disappointed that we are not there.

13 Fill the gaps with the correct subjunctive verb from the box.

sois	sachiez	fournisse	soyons	parte
téléphone	aient	puisse	viennes	restiez

a Il faut que tu _____ avant midi.
b Il est impossible qu'on _____ au mois de juillet.
c Il est important que vous _____ nager.
d Bien que nous _____ contents d'habiter ici, nous pensons souvent à notre ancienne maison.
e Je lui écrirai à moins qu'il me _____ cette semaine.
f Je viendrai pourvu qu'il me _____ l'argent nécessaire.
g Mon patron m'a donné ma propre voiture pour que je _____ plus indépendante.
h Je préférerais qu'ils _____ la chambre au deuxième étage.
i Je veux que vous _____ ici toute la journée.
j Il était déçu qu'elle ne _____ pas venir.

Answers p. 126

EXPRESSIONS IMPORTANTES

j'en ai marre / j'en ai ras le bol	I've had enough, I'm fed up
J'en ai marre du bruit!	I'm fed up with the noise!
j'ai du mal à comprendre (pourquoi/comment)	I find it difficult to understand (why/how)
ça peut se comprendre	it is understandable
se traduire par	to result in
l'explosion s'est traduite par la surdité	the explosion resulted in deafness
Tu exagères!	You're exaggerating!
il n'en est rien	it's nothing of the sort
Tout à fait!	Absolutely!
être gêné(e) par	to be disturbed by
(Est-ce que) ça te gêne?	Does it disturb you?
C'est horrible!	It's dreadful!
c'est (tellement) affreux	it's (so) awful
c'est insupportable	it's unbearable
c'est ainsi que	this/that is how
à peine	scarcely
la douleur	pain
l'appareil	device

14 Explain in French a real or imaginary problem that you had in the past with noisy neighbours. Say how the problem was resolved. Remember to use the imperfect and perfect tenses as appropriate. Then listen to Brigitte on the recording doing the same. If you are working with a partner, ask each other about the problem and how it was resolved.

15 You have seen a report in the newspaper of someone becoming violent following a prolonged exposure to noise. Explain in French what happened.

You will hear Walter on the recording recounting an incident he has read about.

Le pneu means 'the tyre'.

RADIO

16 Neighbours are not the only things to drive people to distraction in their homes. This report is about a termite infestation in certain districts of Paris.

blanchâtre   whitish
à l'abri de   (here) hidden from
ils effectuent de véritables ravages   they cause real havoc
en s'attaquant aux matières cellulosiques   by attacking cellulose
l'étoffe (f.)   fabric
éviter   to avoid
lutter   to fight
débarrasser   to clear
le sous-sol   basement
si on laissait faire un nid de termites   if one left a nest of termites alone
se passer   to happen
le rez-de-chaussée   ground floor
le bâtiment   building

Now answer these questions, using the transcript to help you, if necessary.

a How many districts in Paris are affected by termites? ____
b What colour are the termites? _____
c What do they eat? _____
_____

d What two factors encourage infestations of termites?
_____

e Which part of a building do they attack first? _____

| Transcript p. 217 |

f Where do they go from there? _____
_____

| Answers p. 126 |

CORRIGÉ DES EXERCICES

EXERCISE 1

(a) tous les soirs ils font du bruit – ils rentrent le soir vers onze heures, minuit, une heure du matin, ils claquent leurs portes, ils mettent la sono à fond **(b)** elle en a marre, elle commence à se dire que ce n'est pas la peine qu'elle aille se coucher, elle ne va pas rester comme ça à attendre leur bon vouloir, elle va faire quelque chose

EXERCISE 2

Instead of making a racket himself, he should have asked them around so they could hear the noise from his apartment. When he wrote to them, he should also have reminded them of the regulations governing noise. He should have written a proper letter, and sent it by registered post. He should go straight to the police, not the town hall.

EXERCISE 3

(a) dog, baby, television, doors slamming, trombone **(b)** relax with a good book **(c)** to go and see them first, in a friendly manner, and if that doesn't work, to contact the police **(d)** to go and see them that evening

EXERCISE 5

(a) i le bruit des enfants qui jouaient dans la rue **ii** les enfants de Michèle qui galopent chez eux **iii** le bruit des motos dans la rue **iv** le piano du voisin **v** la radio d'Anne-Marie **(b) i** C'est horrible! **ii** mais ça peut se comprendre **iii** Oui, mais enfin…tirer sur un enfant! **iv** D'accord, mais… **v** c'est tellement affreux

EXERCISE 6

(a) pourtant **(b)** l'amateur de **(c)** une cacophonie **(d)** indulgence **(e)** nos proches **(f)** notre voisinage **(g)** gêné **(h)** quantifier **(i)** un individu

EXERCISE 7

(a) ii **(b)** iii **(c)** ii **(d)** i **(e)** ii

EXERCISE 9

(a) 25dB: bedroom, at night when you are asleep;

30dB: fridge; **80–90dB:** hoover; **100dB:** noise of a pneumatic drill **(b)** le seuil de la douleur (pain threshold) **(c)** people who are depressed, ill, convalescing or nervous

EXERCISE 10

In a person without any hearing problems, noise at or above 120dB causes pain. After a very loud concert, you have the distinct impression of hearing less well, your ears whistle, you have to ask people to repeat certain words and you speak more loudly. After such an experience, you need to recover in a calm atmosphere. If you constantly subject yourself to loud noises (such as loud concerts) or if you have to work every day in an environment where the noise level exceeds 85dB(A), progressive deafness sets in. Traumatic deafness follows a short exposure to a very high sound level, such as an explosion. Both types of deafness are caused by the permanent destruction of a certain number of ciliated cells. They result in problems in understanding the sound signals that reach you. It does not mean that you can no longer hear, but that you no longer understand what you hear. Hearing aids are little or no help. Normal hearing loss due to ageing, however, is different. This type of deafness results in a drop in your perception of sounds. It can be corrected by an amplifying device.

EXERCISE 11

j'ai l'impression d'entendre moins bien, je crie, j'ai les oreilles qui sifflent

EXERCISE 13

(a) viennes **(b)** parte **(c)** sachiez **(d)** soyons **(e)** téléphone **(f)** fournisse **(g)** sois **(h)** aient **(i)** restiez **(j)** puisse

EXERCISE 16

(a) 14 **(b)** whitish **(c)** cellulose substances (wood, paper, fabric) and also plaster and cement **(d)** damp and the presence of cellulose substances **(e)** the basement **(f)** to the ground floor, the first floor etc. right up to the top of the building, and from there to adjacent buildings

8 LA VIE PROFESSIONNELLE

WHAT YOU WILL LEARN

▶ asking for a job in an agency
▶ responding in a job interview
▶ talking about your daily routine
▶ something about the work of the ANPE

POINTS TO REMEMBER

You will hear a whole variety of tenses in this unit. If you have forgotten any of them, refer back to Unit 1 for the perfect and imperfect, Unit 2 for the perfect with **être**, Unit 3 for the conditional and, of course, Unit 7 for the subjunctive. Look at the Grammar summary on p. 192 if you have forgotten how the future is formed.

BEFORE YOU BEGIN

By this stage in the course you have been exposed to a lot of new words and phrases. How are you coping with learning them? If you learn well by listening, it is a good idea to put your vocabulary and **Expressions importantes** on tape so that you can listen and repeat them when you are in the car, in the bath, when you are doing odd jobs or housework. If you have more of a visual memory, jot down words and expressions on bits of paper and stick them around the house or office, in places where they will catch your eye, and you can say them aloud during the day. Both of these ways of learning are an effortless addition to actually sitting down with the express intention of learning vocabulary.

Un job pour les vacances

Alain	Est-ce que vous auriez un job pour les vacances?
Dominique	Vous recherchez un travail d'été en région parisienne?
Alain	Oui, si possible.
Dominique	J'ai actuellement à vous proposer un poste de manutention dans un grand magasin, un travail de vendeur – un travail de démarchage – c'est du porte-à-porte – ou, éventuellement, un emploi de bureau.
Alain	Euh, je crois qu'un emploi de bureau me conviendrait.
Dominique	L'employeur m'a demandé un candidat avec une belle écriture. Est-ce votre cas?
Alain	Je pense que j'ai une belle écriture, oui.
Dominique	Eh bien, je vais pouvoir téléphoner à la société France Loisirs, obtenir un rendez-vous – vous pourrez vous y présenter de ma part. J'espère qu'ils vous emploieront pour la période que vous souhaitiez.
Alain	Parfait. Je vous remercie beaucoup.

Est-ce que vous auriez…? Do you happen to have…? / Would you happen to have? **Auriez** is the conditional of **avez.** There is more about asking questions politely like this in Unit 9.

le job job (temporary); more commonly referred to as **un petit boulot**

rechercher to seek, to look for; **Vous recherchez un travail d'été en région parisienne?**, 'Are you looking for a summer job in the Paris region?'

le poste job, position

la manutention goods and materials handling (stores, warehouses, etc.)

le vendeur (la vendeuse) shop assistant, salesman, saleswoman

le démarchage / le porte-à-porte door-to-door selling

éventuellement possibly, perhaps (*not* 'eventually' which is **enfin**)

un emploi de bureau me conviendrait an office job would suit me; from the conditional of **convenir** (**à**). You will hear this verb frequently in the expression (**Est-ce que**) **cela vous convient?**, 'Does that suit you?', when making an appointment, etc.

l'écriture (f.) handwriting

Est-ce votre cas? Is that (true in) your case? Other useful expressions are: **dans ce cas**, 'in this case', **en tout cas**, 'in any case', **au cas où**, 'just in case'.

la société company, often used by businesses as part of their name

de ma part literally 'on my behalf'; i.e. say I have sent you

1 Alain also wrote to an agency to find a summer job. Put each of the words into the corresponding space in his letter.

> recherche   période   conviendrait   serait   proposer
> demander   sinon

Monsieur, Madame,

Je _____ₐ un travail d'été en région parisienne et je vous
écris pour vous _____b si vous avez un poste à me
_____c. Si possible, je préférerais un emploi de bureau;
_____d un travail de vendeur dans un grand magasin me
_____e. La _____f que je souhaiterais _____g du
15 juillet au 31 août.

Veuillez trouver ci-joint mon curriculum vitae.

Veuillez agréer, Monsieur, Madame, mes salutations distinguées,

Alain Confignal

Veuillez trouver ci-joint…
    Please find enclosed…
**Veuillez agréer…mes
    salutations distinguées**
    the equivalent of 'Yours
    faithfully'. French phrases to
    finish a letter tend to be rather
long and complicated. 'Yours
sincerely' would be **Je vous
prie, Monsieur, Madame,
d'agréer l'expression de
mes sentiments les
meilleurs.**

Answers p. 144

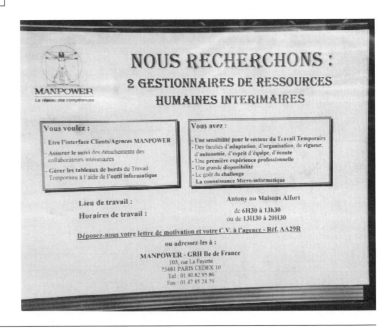

NOUS RECHERCHONS :
**2 GESTIONNAIRES DE RESSOURCES
HUMAINES INTERIMAIRES**

MANPOWER
Le réseau des compétences

Vous voulez :	Vous avez :
- Etre l'interface Clients/Agences MANPOWER	- Une sensibilité pour le secteur du Travail Temporaire
- Assurer le suivi des détachements des collaborateurs intérimaires	- Des facultés d'adaptation, d'organisation, de rigueur, d'autonomie, d'esprit d'équipe, d'écoute
- Gérer les tableaux de bords du Travail Temporaire à l'aide de l'outil informatique	- Une première expérience professionnelle
	- Une grande disponibilité
	- Le goût du challenge
	La connaissance Micro-informatique

Lieu de travail :   Antony ou Maisons Alfort

Horaires de travail :   de 6H30 à 13h30
                           ou de 13H30 à 20H30

Déposez-nous votre lettre de motivation et votre C.V. à l'agence - Réf. AA29R

ou adressez les à :

MANPOWER - GRH Ile de France
103, rue La Fayette
75481 PARIS CEDEX 10
Tel : 01 40.82.95.86
Fax : 01 47.85.24.79

2 Companies on the look-out for temporary staff need look no further than **Bis**, according to this advertisement.

Chez Bis, un menuisier temporaire, c'est d'abord un menuisier.

Vous avez besoin – temporairement – d'un menuisier, d'un plombier, d'un chauffagiste, d'un électricien?... Vous avez besoin de qualifications précises?

Eh bien, nous vous proposons exactement le professionnel qui vous fait défaut. Nous vous proposons exactement la « bonne main » que vous attendez.

Chez Bis, un travailleur temporaire, c'est d'abord un professionnel qualifié.

Qu'elle soit secrétaire ou programmeuse, qu'il soit mécanicien ou dessinateur, nous savons bien qu'un travailleur temporaire doit être compétent, rigoureux et immédiatement opérationnel.

Notre métier nous impose discipline et sérieux. Nous prêtons main-forte, cette main doit être sûre.

Et enfin, lorsque cette main sûre, lorsque cette main fiable, cette « bonne main » est près de chez vous, avec 300 agences en France, elle devient, en plus, la bonne adresse. Avec Bis, vous êtes en bonnes mains.

---

le menuisier joiner, carpenter;
  la menuiserie, 'carpentry'
temporaire temporary
avoir besoin de to need
  (literally 'to have need of')
le chauffagiste heating
  engineer
qui vous fait défaut which you
  lack
la bonne main helping hand
qu'elle / il soit be she / he

rigoureux (rigoureuse)
  thorough, meticulous
le métier trade, profession
prêter main-forte give a helping
  hand (literally 'lend a strong
  hand')
fiable trustworthy
devenir to become
vous êtes en bonnes mains
  you are in good hands

---

a Mark the ways in which **Bis** describes its temporary workers:

Qualified	☐	Over 21	☐
Punctual	☐	Willing to be trained	☐
Competent	☐	Able to work immediately	☐
Thorough	☐	Cheap	☐

b How would you say each of the following?
  i I need a plumber. _____
  ii We need an electrician. _____
  iii Do you need specific qualifications?

Answers p. 144

_____

3 Listen to Brigitte telling the man at the employment agency what sort of temporary job she is looking for. Then study these answers and see if you can write down in French the questions that they are answering.

une bonne connaissance de   a good knowledge of
le traitement de texte   word processing
l'ordinateur (m.)   computer

a   Brigitte veut travailler pendant le mois de mai et de juin.

_____

b   Elle veut travailler en région lilloise.

_____

c   Elle recherche un travail de secrétaire.

_____

d   Il lui propose un travail de secrétaire.

_____

e   Il demande une bonne connaissance de traitement de texte.

_____

f   Le poste lui conviendrait parce qu'elle travaille sur ordinateur depuis longtemps.

Answers p. 144

_____

4 Now it's your turn to be interviewed for a summer job. Brigitte will interview you and Philippe will prompt you. You'll need:

me conviendrait   would suit me

Unit 8 La vie professionnelle

Café, tartines, croissants

M. Duranton	Ah, une journée de travail chez nous ça passe: le matin, on ouvre à sept heures; je travaille tout seul à cette heure-là: j'ouvre les portes et je sers les premiers clients – café, tartines, croissants. Ensuite, la cuisinière arrive, on commence à…discuter pour savoir les courses qu'on va faire pour le repas de midi, mon fils part faire les commissions, et moi je reste au comptoir et je veille à la mise en place de la serveuse dans la salle, tout ça pour que tout soit prêt à midi, parce que chez nous les clients arrivent de midi et demi à deux heures et demie – on peut pas être en retard, parce qu'on peut pas dire aux clients « Revenez dans une heure! »
	Et alors, l'après-midi, naturellement il y a un temps pour manger, d'une demi-heure, et l'après-midi on continue le bar, sandwichs, restaurant, jusqu'au soir, huit heures et demie, la fermeture… Et tous les jours c'est l'éternelle répétition!

ça passe as it stands, this sentence is incomplete. He means **ça se passe comme ça**, 'it happens like this'.

tout seul all alone; the feminine form is **toute seule**

à cette heure-là at that time (of the day)

la tartine slice/piece of bread (and butter)

la cuisinière the (female) cook. In another context it can also mean 'cooker'. A male cook would be **le cuisinier**. The verb 'to cook' is **faire cuire**.

les courses qu'on va faire the shopping that we're going to do / the shopping that is to be done

la commission shopping, errand

le comptoir counter

veiller à to see to, to keep an eye on

la mise en place setting/laying of the tables; **mettre la table** means 'to set the table' (at home). In a restaurant one would say **préparer les tables**, 'to lay the tables, to get the tables ready'. It would have been more normal to say **la mise en place par la serveuse**.

la serveuse waitress

la salle (here) restaurant area, dining room

pour que tout soit prêt so that everything (may) be ready. Did you notice the subjunctive **soit**, triggered by **pour que**? Unlike Monsieur Duranton, most French people pronounce **soit** to rhyme with **moi**.

de midi et demi à deux heures et demie from half-past twelve to half past two. In **midi et demi** and **minuit et demi**, the word **demi** is usually written in the masculine form (without a final **-e**), because the feminine word **heure** has not been mentioned.

en retard late

la fermeture closing (time)

5 Write out in French a list of Monsieur Duranton's daily routine. Add times where possible.

_____

_____

_____

_____

_____

_____

_____

Answers p. 144

_____

6 Not everyone can stand **l'éternelle répétition** of the restaurant business. Many might prefer the possibility of a brilliant sales career. This is what IBM have to offer.

Nos ingénieurs commerciaux sont ambitieux: si vous l'êtes cette offre vous concerne

Jeunes diplômé(e)s d'écoles d'ingénieurs et de commerce, vous êtes à la recherche de votre première situation.

Ce que nous attendons de nos futurs ingénieurs commerciaux:
Votre motivation pour une activité de vente doit être forte. Nous recherchons des femmes et des hommes présentant les qualités suivantes:
● Aptitude à communiquer à haut niveau.
● Ambition, énergie au-dessus de la moyenne.

● Sens de la méthode, esprit de synthèse.
● Sens de la négociation et aptitude à convaincre.
● Imagination dans la recherche de nouveaux clients et dans la préparation d'un projet informatique.

Nous vous demandons de répondre aux conditions suivantes:
● Avoir de bonnes connaissances de l'anglais.
● Accepter le principe de la mobilité géographique: nos postes sont à pourvoir à Paris et en province.

---

l'ingénieur (m.) **commercial** sales engineer
le diplômé (la diplômée) holder of a diploma, graduate
la situation job
attendre (here) to expect
la vente sale(s)
à haut niveau at a high level
au-dessus de above
la moyenne average

le sens feeling, sense
l'esprit (m.) **de synthèse** ability to see the overall picture
convaincre to convince
informatique computer (adj.); **l'informatique** (f.), 'computing, information technology'
à pourvoir to be made available

Find out about your own sales potential by answering the following questions and adding up the points. For scores and interpretation of results, see p. 144.

a Vous êtes...
i compétent et rigoureux ☐
ii discipliné et sérieux ☐
iii un professionnel qualifié ☐
iv très amusant ☐

b L'informatique...
i qu'est-ce que c'est? ☐
ii m'a toujours passionné ☐
iii est la science de l'avenir ☐
iv m'amuse assez ☐

c Vous avez...
i beaucoup d'imagination ☐
ii une motivation très forte ☐
iii un esprit de synthèse ☐
iv une énergie au-dessus de la moyenne ☐

d Vous savez...
i parler une langue étrangère ☐
ii choisir un bon restaurant ☐
iii taper à la machine ☐
iv trouver de nouveaux clients ☐

---

7 Listen to Brigitte describing the typical day of a secretary, and then find the French for:

a I open the post _____

b I check my boss's diary _____

c what she wants me to do _____

d I work at the computer _____

e I make a cup of coffee for my boss

_____

f I tidy the meeting room so that everything is ready for the afternoon

_____

g sometimes I eat alone, sometimes I meet a friend

_____

h I leave the office at about 5.30

Answers p. 144

_____

8 By the sound of it, Monsieur Duranton never stops during the day. So just imagine what it must be like to be his cook! Using the information in the dialogue, play the part of the cook and answer these questions which you will hear on the recording. There are no English prompts, but you will hear Brigitte give the right answer after the pause.

- A quelle heure ouvre le bistro?
- Que fait le patron avant votre arrivée?
- Quand est-ce que les clients arrivent pour le déjeuner? (You'll need **entre...et**, 'between...and'.)
- Combien de temps avez-vous pour manger, l'après-midi?
- Et à quelle heure ferme le bistro?

DIALOGUE 3

Des appartements somptueux

Mme Coste Oui, mon mari était tapissier-décorateur et...il s'occupait de, des peintures, des travaux de menuiserie, de la plomberie, d'installations sanitaires, enfin tout, tout ce qui concerne l'installation d'un appartement. Et ensuite nous faisions poser les tapis,...et souvent les clients possédaient des, des meubles anciens – alors, ils nous les faisaient transformer, recouvrir, et puis nous faisions les rideaux, les dessus-de-lit... Ah, nous avions une clientèle d'ambassades – cinq ou six ambassades, dont l'Ambassade d'Autriche, de Belgique, du Pérou, de l'Inde – et puis une forte clientèle d'aristocrates, de personnes habitant l'avenue Foch ou le XVIe. Leurs appartements étaient somptueux quelquefois, surtout avenue Foch, je me souviens d'un appartement dont le salon était tout entouré de boiseries anciennes, sculptées – c'était merveilleux.

mon mari était tapissier-décorateur my husband was an interior decorator. Note that you do not use **un**(**e**) when giving someone's profession or religion, e.g. **il est catholique**, 'he is a Catholic'; **elle est musulmane**, 'she is a Muslim'; **je suis étudiant**, 'I am a student'; **elle est comptable/fonctionnaire/gérante**, 'she is an accountant / civil servant / manager.

s'occuper de to deal with

la plomberie plumbing

les installations (f.) **sanitaires** bathroom fittings, fixtures

nous faisions poser les tapis we had the carpets laid. Another example of this type of construction is **je vais faire peindre les murs**, 'I'm going to have the walls painted'. There's more on this use of **faire** + verb in the **Grammaire**.

posséder to possess

les meubles (m.) **anciens** antique furniture; **le meuble**, 'piece of furniture'

ils nous les faisaient transformer they (the clients) had us do them [the pieces of furniture] up for them, restore them. This is another example of the construction **faire** + verb. You'll find more on it in the **Grammaire**.

recouvrir to re-cover

le rideau curtain

le dessus-de-lit bedspread

dont of which, of whom, whose

le XVIe (le seizième) the sixteenth (**arrondissement**) – the most elegant and expensive of the Paris **arrondissements** (districts). One of the large avenues in the XVIe is **l'avenue Foch**, which runs west from the **Arc de Triomphe** towards the **Bois de Boulogne**.

somptueux (somptueuse) sumptuous

se souvenir de to remember

être entouré(e) de (here) to be lined with (literally 'to be surrounded by')

la boiserie wood-panelling

sculpté(e) carved

L'avenue Foch

9 Without looking at the text, use the recording to help you answer these questions.

a Give 5 examples of the sort of work that Monsieur and Madame Coste used to do. _____

_____

b What kind of clientèle did they have? _____

Answers p. 144 **c** Where was the apartment with the antique panelling? _____

10 The following translation into French is a bit of a challenge, but you can refer to the dialogue if necessary. Make sure that you use the perfect tense for actions that have already been completed in the past. A phrase you'll need to know is **nous avons fait décorer...**, 'we had...decorated'. Use a separate piece of paper.

> This summer we had our apartment decorated. My husband laid the carpets and I made some curtains and a beautiful bedspread for our bedroom. An interior decorator has done some carpentry in the living room and now he is dealing with the plumbing and bathroom fittings. It's marvellous, the apartment is transformed!

Answers p. 144

11 Madame Coste has now reached the age of retirement, but many young people are still fighting to climb the career ladder. The **Agence Nationale pour l'Emploi** (**ANPE**) has branches all over France to give people practical help in finding employment. Their **Espace cadres** deals exclusively with **cadres** (executives). Here is an extract from one of their brochures, aimed at **cadres** who want their CV to be available to prospective employers.

ARIA – CV
pour multiplier vos chances, faites circuler votre CV
Faites-vous mieux connaître auprès de vos futurs employeurs, en utilisant les nouvelles technologies de l'information.

Comment ce service fonctionne-t-il?
Vous remettez un original de votre CV à un conseiller de l'espace cadres
Le CV est numérisé à l'aide d'un scanner, puis stocké dans le serveur ANPE.
Chaque mot du CV devient un mot-clé, donc un critère de sélection possible.

Le conseiller réalise une recherche de candidats...
A la demande d'une entreprise qui propose un poste, le conseiller détermine le profil recherché en fonction de plusieurs critères.
Par exemple: chef des ventes – formation école de commerce – expérience des colles industrielles – anglais courant –habitant ou pouvant s'installer en région lilloise.

Cette recherche peut se faire:
■ soit localement, sur le serveur de l'espace cadres concerné;
■ soit à l'échelle nationale, sur le serveur national qui recueille les CV des candidats ouverts à la mobilité géographique.
L'ensemble du système fonctionne en réseau.

...et il télécopie les CV retenus à l'entreprise qui recrute
Le conseiller ANPE valide les CV sélectionnés par le logiciel en quelques minutes. Puis il les télécopie à l'entreprise qui recherche des collaborateurs cadres.
■ Vous pouvez alors être contacté par l'espace cadres ou directement par l'entreprise.

You are now going to find all the key words that will enable you to understand the passage. Find the French for these words and phrases. They are not in the same order as they appear in the passage.

a   at the request of _____

b   able to settle in the Lille area

_____

c   a key word _____

d   it faxes them to the company which is looking for executive employees

_____

e   according to several criteria _____

f   either locally...or on a national scale _____

_____

g   a possible selection criterion _____

h   fluent English _____

i   candidates willing to move to another part of the country

_____

Answers p. 144   j   the required profile _____

Some vocabulary for the computer-minded

l'ordinateur (m.)	computer
l'ordinateur (m.) **portable**	laptop computer
le logiciel	software
le matériel informatique	hardware
le traitement de texte	word processing
le courrier éléctronique	e-mail
le clavier	keyboard
la souris	mouse
l'imprimante (f.)	printer
la base de données	database
numériser	to digitise
stocker	to store (data)
le réseau	network
le serveur	server

12

Listen to Walter's conversation at the ANPE and then fill in the gaps in these sentences taken from his conversation to complete the crossword. Don't forget that French crosswords are always done in capitals to avoid the problems of accents.

lisible   legible

- j'aimerais introduire mon CV dans le ⑨ informatique de l'ANPE.
- alors je vais pouvoir le ② tout de suite à l' ⑧ du scanner
- Vous voulez bien ⑩ cette fiche pendant que je le fais?
- Et est-ce que vous êtes assez ⑫ au niveau⑥?
- je suis⑦ pour un emploi sur la France ①.
- D'accord, je vous mets sur le⑤ national, alors.
- Et qu'est-ce qui se passe si un③ s'intéresse à mon profil?
- à ce moment-là on lui ④ votre CV

Answers p. 144

- et s'il veut vous voir ⑬ il vous ⑪ directement...

> Vos références, dit le chef du personnel à un candidat, sont
> excellentes, vraiment excellentes...mais, vous n'en auriez pas
> quelques autres qui ne seraient pas signées de votre mère?

vous n'en auriez pas quelques autres...   you wouldn't happen to
  have any others...

13   Imagine that, like Monsieur and Madame Coste, you are an interior
decorator and use the prompts to answer Brigitte's questions about your
work. You'll need:

tout ce qui concerne   everything that concerns

GRAMMAIRE

faire + infinitive

If you want to talk about 'having something done' or 'getting someone to do something', you have to use **faire** followed by an infinitive verb. As you may remember, when there are two verbs together, the second must be an infinitive. Very often with **faire**, this makes for a construction quite different from the English:

nous faisions poser les tapis
we had the carpets laid

Look at these examples to familiarise yourself with the French construction in different tenses:

Je fais nettoyer mon manteau deux fois par an. (present)
I have my coat cleaned twice a year.

Tu as fait laver la voiture? (perfect)
Did you have the car washed?

On faisait peindre la maison tous les cinq ans. (imperfect)
We used to have the house painted every five years.

L'agent de police fera identifier la voiture. (future)
The policeman will have the car identified.

Si j'avais plus d'argent, je me ferais construire une petite maison. (conditional)
If I had more money, I would have a little house built for myself.

14 Using the words given, complete these sentences to find out what all these people are getting done. Then translate the sentences into English, remembering that the English phrasing will often be quite different from the French.

croire	installer
fait	faire
photographier	réparer
faites	venir

a   J'ai _____ réserver une table pour quatre personnes. _____
  _____

b   Nous avons fait _____ le chauffage central. _____
  _____

c   Ils se sont fait _____ devant les pyramides. _____
  _____

d   Avez-vous fait _____ la voiture? _____

e   _____ entrer mon client, s'il vous plaît. _____

f   Tu nous as fait _____ un détour! _____

g   Je crois qu'il faut faire _____ un médecin. _____

h   Vous voulez me faire _____ cette histoire bizarre? _____
  _____

Answers p. 144

Dont

In **Dialogue 3**, you heard Madame Coste using **dont** a couple of times. **Dont** is a relative pronoun, and, like other pronouns, it replaces a phrase which one does not wish to repeat.

Here are two of the uses of **dont**:

1   As the equivalent of '(of) which' or '(of) whom' replacing a verb phrase with **de**:
Les enfants ont vu le professeur <u>dont</u> ils ont peur dans le couloir.
The children saw the teacher <u>who(m)</u> they are afraid <u>of</u> in the corridor.
(Replacing: **Les enfants ont vu le professeur dans le couloir. Ils ont peur <u>de</u> ce professeur.**)

J'ai deux fils <u>dont</u> je suis très fière.
I have two sons <u>who(m)</u> I'm very proud <u>of</u>.
(Replacing: **J'ai deux fils. Je suis très fière <u>de</u> mes deux fils.**)

Note that some structures in French use **de** where in English we do not use a preposition.

Tu as le livre d'allemand <u>dont</u> j'ai besoin.
You have the German book <u>which</u> I need.
(Replacing: **Tu as le livre d'allemand. J'ai besoin <u>de</u> ce livre d'allemand.**)

2   As the equivalent of 'whose' replacing a noun phrase with **de**:
Je me souviens d'un appartement <u>dont</u> le salon était tout entouré de boiseries anciennes.
I remember an apartment <u>whose</u> living room was lined with antique panelling.
(Replacing: **Je me souviens d'un appartement. Le salon <u>de</u> cet appartement était entouré de boiseries anciennes.**)

Elle a une armoire <u>dont</u> le miroir est cassé.
She has a wardrobe <u>whose</u> mirror is broken.
(Replacing: **Elle a une armoire. Le miroir <u>de</u> cette armoire est cassé.**)

J'ai un ami <u>dont</u> les clients sont ambassadeurs.
I have a friend <u>whose</u> clients are ambassadors.
(Replacing: **J'ai un ami. Les clients <u>de</u> cet ami sont ambassadeurs.**)

15   Now try translating these sentences into French using **dont**. The French in brackets will help you identify which structure in French is triggering the use of **dont**.

a   It's the house whose door is open. (**la porte de la maison...**)

_____

b   She has a problem that she doesn't want to talk about. (**parler de...**)

_____

c   He has found a job which he is very happy with. (**être content de...**)

_____

d   You have the newspaper which I need. (**avoir besoin de...**)

_____

e   We bought a house whose garden is enclosed. (**le jardin de la maison...**)

_____

f   It is a house which I am very proud of. (**être fier de...**)

_____

Answers p. 144

EXPRESSIONS
IMPORTANTES

Est-ce que vous auriez…	Do you happen to have… / Would you happen to have…
un job pour les vacances?	a job for the holiday?
un ticket de métro à me prêter?	a metro ticket to lend to me?
éventuellement	possibly, perhaps
un emploi de bureau me conviendrait	an office job would suit me
(Est-ce que) cela vous convient?	Does that suit you?
en région parisienne/lilloise	in the Paris/Lille area
le niveau	level
au niveau (national)	on a (national) level
le cadre	executive
avoir besoin de	to need
une bonne connaissance de	a good knowledge of
nos cadres ont besoin d'une bonne connaissance de l'anglais	our executives need a good knowledge of English
l'ordinateur (f.)	computer
le logiciel	software
le métier	trade, profession
le poste / la situation	job
le petit boulot	temporary job
la société	company
l'entreprise (f.)	firm, business
l'employeur (l'employeuse)	employer
l'employé(e)	employee
à cette heure-là	at that time (of the day)
au-dessus de	above
en dessous de	below
s'occuper de	to deal with
se souvenir de	to remember
convaincre	to convince
disponible	available

---

16 You are having an interview at an employment agency in France. Listen to the questions on the recording and answer them, using the pause button.

le genre	type, sort
taper à la machine	to type
l'informatique (f.)	information technology

When you have had a go, listen to Brigitte being interviewed for a job as a computer programmer.

17 See how much you can say in French about a typical day of yours, whether it be at home or at work. Before you begin, spend a few minutes using a dictionary to look up any key words that you don't know. The following phrases may help you:

je suis... (you don't need **un/une** if you are giving your job title)
je travaille à...
ce que j'aime au travail, c'est...
je commence à...heures
je m'occupe de...
le patron (la patronne)... (for restaurants or garages)
le directeur, le PDG (le président directeur général)... (for firms)
mes collègues...
à midi je...
je rentre à la maison à...

When you have described your own day, listen to Brigitte talking about hers as a journalist on a newspaper.

rédiger to write up, to draft

EXERCISE 1

(a) recherche   (b) demander   (c) proposer
(d) sinon   (e) conviendrait   (f) période
(g) serait

EXERCISE 2

(a) qualified/competent/thorough / can work
immediately   (b) i J'ai besoin d'un plombier. ii
Nous avons besoin d'un électricien. iii Vous avez
(Avez-vous / Est-ce que vous avez) besoin de
qualifications précises?

EXERCISE 3

(a) Quand est-ce que Brigitte veut travailler?
(b) Où est-ce qu'elle veut travailler?/Où veut-elle
travailler?/ Dans quelle région veut-elle travailler?
(c) Qu'est-ce qu'elle recherche comme travail?
(d) Quel type/genre de travail est-ce qu'il lui
propose?/Quel type/genre de travail lui propose-t-
il?   (e) Qu'est-ce que l'employeur demande
comme qualifications?/Qu'est-ce que l'employeur
exige?   (f) Pourquoi est-ce que le poste
conviendrait (très bien) à Brigitte?

EXERCISE 5

7 h: il ouvre les portes, il sert les premiers clients;
la cuisinière arrive, ils discutent les courses; son
fils part faire les commissions; il reste au
comptoir; la serveuse prépare les tables. 12h 30 –
14h 30: les clients arrivent pour manger. Après
14h 30: il mange; il continue à travailler au bar et
au restaurant. 20h 30: il ferme le bistro.

EXERCISE 6

Add up your points: (a) i 3, ii 2, iii 4, iv 1   (b) i 1,
ii 4, iii 3, iv 2   (c) i 1, ii 2, iii 4, iv 3   (d) i 3, ii 1,
iii 2, iv 4
De 4 à 7 points: La vente ne vous intéresse pas.
Essayez une carrière artistique!   De 8 à 11 points:
Vous avez un bon potentiel, mais il vous faut plus
d'enthousiasme.   De 12 à 15 points: Vous êtes le
candidat idéal pour ce poste. Demandez un gros
salaire.   Au-dessus de 15 points: Vous êtes un
génie. Fondez votre propre entreprise!

EXERCISE 7

(a) j'ouvre le courrier   (b) je vérifie l'agenda de ma
patronne   (c) ce qu'elle veut que je fasse   (d) je
travaille à l'ordinateur   (e) je prépare un café pour
ma patronne   (f) je range la salle de réunion pour
que tout soit prêt pour l'après-midi   (g) parfois je
mange toute seule, parfois je retrouve une amie

(h) je quitte le bureau vers cinq heures et demie

EXERCISE 9

(a) Any 5 of the following: they dealt with painting,
did carpentry work, did plumbing, put in bathrooms,
had carpets laid, restored antique furniture,
recovered furniture, made curtains and bedspreads.
(b) embassies and aristocrats   (c) avenue Foch

EXERCISE 10

Cet été nous avons fait décorer notre appartement.
Mon mari a posé les tapis et j'ai fait des rideaux et
un beau dessus-de-lit pour notre chambre. Un
tapissier-décorateur a fait des travaux de
menuiserie dans le salon et maintenant il s'occupe
de la plomberie et des installations sanitaires. C'est
merveilleux, l'appartement est transformé!

EXERCISE 11

(a) à la demande de   (b) pouvant s'installer en
région lilloise   (c) un mot-clé   (d) il les télécopie
à l'entreprise qui recherche des collaborateurs
cadres   (e) en fonction de plusieurs critères
(f) soit localement…soit à l'échelle nationale
(g) un critère de sélection possible   (h) anglais
courant   (i) des candidats ouverts à la mobilité
géographique   (j) le profil recherché

EXERCISE 12

1 ENTIERE   2 NUMERISER   3 EMPLOYEUR
4 TELECOPIE   5 SERVEUR   6 GEOGRAPHIQUE
7 DISPONIBLE   8 AIDE   9 RESEAU
10 REMPLIR   11 SOIT   12 MOBILE
13 CONTACTERA

EXERCISE 14

(a) fait; I had a table reserved for four people.
(b) installer; We had central heating installed.
(c) photographier; They had their photo taken in
front of the pyramids.   (d) réparer; Have you had
the car repaired?   (e) faites; Show my client in,
please.   (f) faire; You have made us go out of our
way!   (g) venir; I think that we should send for a
doctor   (h) croire; Do you really expect me to
believe that strange story?

EXERCISE 15

(a) C'est la maison dont la porte est ouverte.
(b) Elle a un problème dont elle ne veut pas parler.
(c) Il a trouvé un travail dont il est très content.
(d) Tu as le journal dont j'ai besoin.   (e) Nous
avons acheté une maison dont le jardin est clos.
(f) C'est une maison dont je suis très fier (fière).

9 PARTIR SANS PROBLÈME

WHAT YOU WILL LEARN
- ▶ asking politely for things
- ▶ making travel enquiries
- ▶ following and giving directions

POINTS TO REMEMBER
- ● In Unit 3 you learned how to form the conditional tense. In this unit you will be looking at another use for it. Check that you remember how to form it before you begin the unit.
- ● In this unit you'll come across the structure **plus…, plus…** ('the more…, the more…'). Here are a couple of examples:

  <u>Plus</u> on travaille, <u>plus</u> on gagne.
  <u>The more</u> one works, <u>the more</u> one earns.

  <u>Plus</u> tu ris, <u>plus</u> tu seras heureux.
  <u>The more</u> you laugh, <u>the happier</u> you'll be.

BEFORE YOU BEGIN
In this unit you will hear several people giving directions. Before you start, jot down all the phrases that you already know which you could use for asking or giving directions.

La Gare de l'Est

DIALOGUE 1

Pourriez-vous me renseigner?

Employée	Bonjour, Madame.
Mme Coste	Bonjour, Mademoiselle. Mademoiselle, je désirerais me rendre à Mulhouse pour voir ma fille qui vient de déménager. Pourriez-vous me renseigner sur les transports pour s'y rendre?
Employée	Oui, bien sûr. Vous avez le, le train ou l'avion.
Mme Coste	L'avion? Mais j'ai jamais pris l'avion, alors je préférerais prendre le train.
Employée	Oui.
Mme Coste	Euh – c'est départ de quelle gare, s'il vous plaît?
Employée	C'est Gare de l'Est.
Mme Coste	Vous connaissez la durée du trajet?
Employée	Oh environ cinq heures.
Mme Coste	Bon. Est-ce que c'est direct? Est-ce que l'on doit changer?
Employée	Non, non, c'est direct.
Mme Coste	Et...est-ce que vous savez s'il y a des consignes à la gare?
Employée	Oui, oui, dans toutes les gares il y a des consignes, Madame.
Mme Coste	Et pourriez-vous me donner les horaires?
Employée	Oui – un petit moment, hein – je vais chercher.
Mme Coste	Merci.

se rendre à   to get to, to go to

je désirerais me rendre à Mulhouse   I'd like to get myself to Mulhouse. Sometimes even clear speakers like Madame Coste will 'swallow' the **-e-** in the middle of the word when using the conditional tense. Here, **désirerais** may sound more like **désirrais**. A few sentences later, **préférerais** may sound more like **préférrais**.

qui vient de déménager   who has just moved (house). **Venir de** (+ infinitive) is a frequently used construction meaning 'to have just (done)', e.g. **je viens de rentrer**, 'I have just come in'.

Pourriez-vous me renseigner sur...?   Could you give me some information on...?

le trajet   journey

la consigne   left-luggage locker or office

les horaires (m.)   times; **l'horaire** (m.), 'timetable'

TRAVAUX PRATIQUES

1 Without looking back at the text, use the recording to help you answer the following questions in French.

a Pourquoi est-ce que Madame Coste veut se rendre à Mulhouse?

_____

b Qu'est-ce que sa fille vient de faire? _____

c Quels moyens de transport y a-t-Il pour aller à Mulhouse?

_____

d Lequel Madame Coste préfère-t-elle? _____

e Quelle est la durée du trajet? _____

Answers p. 162

f Qu'est-ce qu'il y a dans toutes les gares? _____

2 The SNCF offers a wealth of special rates to rail travellers. Here is an extract from just one of their leaflets.

Pour mieux répondre à vos besoins, la SNCF a fait évoluer l'ensemble de ses tarifs. Plus simples et plus souples, ils permettent dorénavant à chacun de profiter de réductions sans aucune formalité. Il suffit de voyager à deux, d'être un peu prévoyant ou d'avoir tout simplement envie de partir quelques jours pour payer le train moins cher! Alors à vous de découvrir le tarif Découverte qui correspond à votre façon de voyager, et à vous d'en profiter comme bon vous semble!

TARIF DÉCOUVERTE A DEUX

A deux, le train c'est encore mieux
vous gagnez **25%** de réduction

Vous projetez un aller-retour à deux? Quelle que soit votre destination, pensez au tarif Découverte à Deux! Sans aucune formalité, vous pouvez profiter d'une réduction que vous soyez accompagné(e) de votre cousine, de votre voisin ou de votre conjoint(e)… Il suffit d'être deux pour bénéficier d'une réduction de 25%.

TARIF DÉCOUVERTE SÉJOUR

Évadez-vous quelques jours
vous gagnez **25%** de réduction

Vous avez envie de changer d'air? Profitez du tarif Découverte Séjour et partez quelques jours. Si votre séjour comprend au moins la nuit du samedi au dimanche, vous bénéficiez de 25% de réduction (pour un trajet de plus de 200 km).

TARIF DÉCOUVERTE J8   TARIF DÉCOUVERTE J30

Vous réservez votre billet **à l'avance**:
vous allez profiter d'un **tarif très attractif**

Un tout petit peu d'organisation suffit pour voyager moins cher! Le mariage de votre cousine, les vacances en bord de mer, ce week-end prolongé dont vous comptez profiter pour améliorer votre style en surf… Les occasions où il est facile d'anticiper ne manquent pas! Et avec les tarifs Découverte J8 et Découverte J30, plus vous prévoyez votre départ à l'avance, plus le prix est avantageux! Ces tarifs réduits sont disponibles sur 470 destinations en 2e classe.

Découverte J8
Le plus souple, dès que vous réservez entre 2 mois et 8 jours avant la date de votre départ.

Découverte J30
Le plus économique, dès que vous réservez entre 2 mois et 30 jours avant la date de votre départ.

prévoyant(e)	far-sighted
à vous de découvrir	it's up to you to discover
comme bon vous semble	as you see fit
le conjoint (la conjointe)	spouse
comprendre	(here) to include
compter faire	to intend to do

Find the French for:

a to meet your needs better _____

b from now on _____

c you only have to _____

d whatever your destination may be _____

e Do you feel like a change? _____

f The opportunities…are not lacking! _____

_____

g the more you plan your departure in advance, the cheaper the price

_____

Answers p. 162   _____

3 Using the same leaflet, fill in the information about the four types of discount fares.

Name of discount fare	Qualifying conditions	Reduction
a _____	_____ _____	_____
b _____	_____ _____ _____ _____	_____
c _____	_____ _____ _____ _____ _____	_____ _____
d _____	_____ _____ _____ _____	_____ _____ _____

Answers p. 162

4

Brigitte is planning a journey. She has made a checklist of questions to ask at the travel agent's. Listen to the recording and complete her list in French by noting down the information that she needed.

Voyage à Grenoble

- Moyens de transport possibles :
- Le moins cher :
- Départ de :
- Durée du trajet :
- (Si en train) direct ou non :
- Horaire : départ :
           arrivée :

Answers p. 162

5

You want to find out from Walter the various ways of getting from Paris to the airport. He mentions **la navette**, 'the shuttle'. As usual, take your cues from Philippe. You'll need:

Quels sont les moyens de transport…? What are the means of transport…?
Quelle est la gare de départ? Which is the station of departure?

DIALOGUE 2

 Louer une petite voiture

Mme Kruc	Bonjour, Madame.
Dominique	Bonjour, Madame. Je désire louer une petite voiture pour me rendre en province.
Mme Kruc	Oui, avec plaisir. Je pourrais voir votre permis de conduire, s'il vous plaît?
Dominique	Le voici.
Mme Kruc	Merci.
Dominique	Je souhaiterais vous rendre la voiture à Strasbourg – est-ce que c'est possible?
Mme Kruc	Sans aucun problème, oui, bien sûr.
Dominique	Je peux partir tout de suite?
Mme Kruc	Oui, bien sûr. Vous n'avez plus qu'à signer. Tenez.
	…
Mme Kruc	Tenez – voilà votre contrat, vos clés. Je vous ai inscrit sur le contrat comment vous rendre au parking, hein – vous n'avez qu'à suivre les flèches Hertz jaunes et noires – et je vous ai indiqué où se trouvait la voiture: deuxième sous-sol, place 353.
Dominique	Je vous remercie. Pouvez-vous aussi avoir la gentillesse de m'indiquer comment sortir de Paris en évitant les embouteillages à cette heure-ci?
Mme Kruc	Oui, bien sûr. Alors, c'est très simple: vous prenez l'avenue du Maine, jusqu'au bout, puis l'avenue du Général Leclerc, jusqu'au bout. Ensuite, vous prenez le périphérique est, et vous sortez autoroute A4.
Dominique	Je vous remercie.
Mme Kruc	Je vous en prie.
Dominique	Au revoir.
Mme Kruc	Au revoir, Madame – bonne route!

rendre to give back; but note that **se rendre à** means 'to go to' or 'to get to'

le permis de conduire driving licence

sans aucun problème no problem (literally 'without any problem'). She might equally have said **aucun problème** or **pas de problème(s)**.

Vous n'avez plus qu'à signer The only thing you have left to do is to sign. **Ne… plus,** 'no more', and **ne… que,** 'only', are used together here in a double negative that is perfectly acceptable in French.

le contrat contract

la clé/clef key (there are two spellings for the same word, both pronounced exactly the same)

Je vous ai inscrit… I have written down for you…

le parking car park, parking lot

vous n'avez qu'à suivre just follow

la flèche arrow

indiquer to show, to point out

le sous-sol basement, (here) underground car park; **le deuxième sous-sol,** 'second level underground (in the car park)'

avoir la gentillesse de… to be so kind as to…

éviter to avoid

l'embouteillage (m.) traffic jam

à cette heure-ci at this time of day. In Unit 8 you heard **à cette heure-là,** 'at that time of day'.

jusqu'au bout to the very end

le périphérique ring road

est east

autoroute A4 motorway A4. Motorways are **A** roads, other main roads (**nationales**) are **N** roads and small roads (**départementales**) are **D** roads.

Je vous en prie Don't mention it.

bonne route! have a good journey!

6 Without looking back at the text of **Dialogue 2**, use the recording to help you choose the right answers.

a Où est-ce que Dominique veut se rendre?
   i   à Paris ☐
   ii en province ☐
   iii en Provence ☐

b Où est-ce que Dominique veut rendre la voiture?
   i   à Paris ☐
   ii en province ☐
   iii à Strasbourg ☐

c Sa voiture se trouve…
   i   au parking jaune et noir. ☐
   ii no. 353 place de la Gare. ☐
   iii au deuxième sous-sol. ☐

d Dominique veut savoir comment…
   i   sortir du parking. ☐
   ii trouver le centre de Paris. ☐
   iii éviter les embouteillages. ☐

e Madame Kruc lui conseille de…
   i   prendre l'avenue du Général Leclerc pour rejoindre
      l'avenue du Maine. ☐
   ii prendre le périphérique est pour rejoindre la A4. ☐
   iii prendre le périphérique ouest pour rejoindre la A4. ☐

Answers p. 162

rejoindre   to get onto, to join (a road)

7 If you regularly hire cars, you may be interested in **Hertz #I Club Gold** service. Here is a leaflet about it.

Où que vous alliez dans le monde, une voiture vous attend.

En devenant membre du Hertz #1 Club Gold, vous bénéficiez du moyen le plus rapide et le plus simple de louer une voiture.

Spécialement conçu pour répondre aux exigences d'une clientèle d'hommes d'affaires, ce programme unique de location de voitures vous offre l'assurance de disposer de votre voiture dans 21 pays…sur 3 continents!

Avec le service Hertz #1 Club Gold, pas moins de 640 agences à travers le monde, dont plus de 300 en Europe, vous offrent ce service exclusif digne du numéro 1 mondial de la location de voitures.

Un comptoir Hertz #1 Club Gold vous est exclusivement réservé.

Pour prendre possession de votre voiture, présentez simplement votre permis de conduire au comptoir Hertz #1 Club Gold, les clefs de votre véhicule ainsi que votre contrat de location déjà complété vous seront immédiatement remis. Aucune attente, aucun contrat à remplir ni à signer…il ne vous reste plus qu'à prendre la route en toute sérénité!

Un seul contrat d'affiliation pour plus de facilité.

Pour devenir membre du Hertz #1 Club Gold, il vous suffit de compléter une fois pour toutes un contrat d'affiliation en indiquant vos coordonnées et vos habitudes de location. Pour chacune de vos réservations, votre contrat sera établi sur la base de ces informations pré-enregistrées.

---

spécialement conçu(e) pour   specially designed for. The verb **concevoir** means 'to design' or 'to conceive'. In the next unit you will hear the word **la conception**, meaning 'design'.

l'exigence (f.)   demand

l'homme (m.) **d'affaires**   business man; 'business woman' is **la femme d'affaires**

disposer de   to have (at one's disposal), to use

digne de   worthy of

remettre quelque chose à quelqu'un   to hand something (over) to someone; **les clés de votre véhicule ainsi que votre contrat de location…vous seront immédiatement remis,** 'the keys to your vehicle and your hire contract…will be handed to you immediately'

l'attente (f.)   wait; from the verb **attendre**, 'to wait'

une fois pour toutes   once and for all

les coordonnées (f.)   address and telephone number

Brigitte has read all about the Hertz #1 Club Gold offer and is describing it enthusiastically to Walter on the recording. However, she has in places misunderstood the contents. List the 6 incorrect things that she says.

a _____

b _____

c _____

_____

d _____

e _____

f _____   Answers p. 162

Un conducteur est arrêté par une voiture de police. Deux agents en descendent.

« Bonjour monsieur! Nous vous suivons depuis une demie-heure. Votre conduite est irréprochable et, dans le cadre de la campagne organisée par la Sécurité Routière, vous êtes déclaré vainqueur et recevez la somme de 2000 euros! Je vois combien vous êtes heureux! Et qu'est-ce que vous allez faire de cette somme? »

« Ben d'abord, je vais passer mon permis. »

le conducteur	driver
dans le cadre de	as part of
le vainqueur	winner
passer son permis	to take one's driving test

8

You are at the Hertz office at the Gare Montparnasse and you want to get to Chartres. Ask for a map and directions out of Paris, using this map for reference. The prompts on the tape will help you. You'll need:

la direction de	the way to
le panneau	signpost

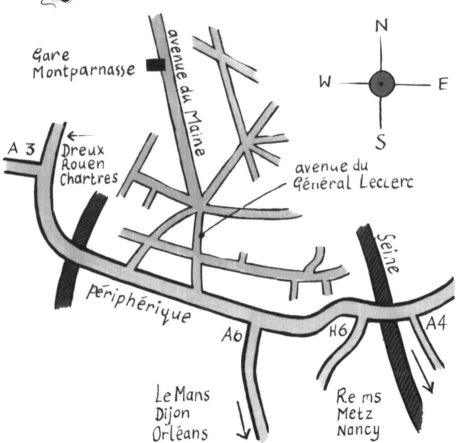

La circulation en région parisienne

Radio announcer	Je vous donne un point de la physionomie de la circulation en région parisienne: sur le périphérique extérieur de petites difficultés entre la Porte de Sèvres et la Porte d'Orléans, et la Porte de Gentilly et la Porte de Charenton; un poids lourd se trouve en panne; et puis, sur le périphérique intérieur, entre la Porte de Clichy et la Porte de la Chapelle. Le boulevard périphérique intérieur sera fermé entre 21h ce soir et 5h demain matin entre la Porte du Pré-St-Gervais et la Porte de Vincennes. Par ailleurs, le boulevard périphérique extérieur sera fermé entre 22h et 6h demain matin de la Porte de St-Ouen à la Porte d'Auteuil.

donner le point de la physionomie de la circulation to sum up the traffic situation

le périphérique extérieur outer ring road – the anti-clockwise section of the ring road

le poids lourd heavy goods vehicle, lorry, truck

se trouver en panne / être en panne to be broken down

le périphérique intérieur inner ring road – the clockwise section of the ring road

TRAVAUX PRATIQUES

9 Listen very carefully to the report and mark the following on the map:

a Mark with a **D** the sections of the **périphérique** which are congested (which have **des difficultés**).

Answers p. 162

b Mark with an **F** those which will be closed overnight (**fermé**).

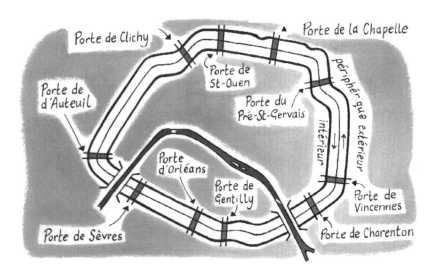

10

Brigitte is stuck in her car in a traffic jam going out of Paris – without a map. She phones Walter on her mobile to find out the quickest way of getting out. Mark on the map the route that Walter suggests she takes.

la carte   map
le carrefour   crossroads, junction
le cimetière   cemetery

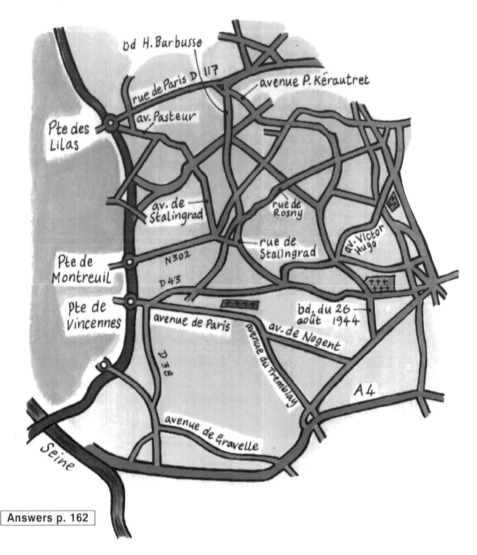

Answers p. 162

11

You have just listened to the travel update on the radio. Follow the prompts to tell Walter which areas of the **périphérique** to avoid tonight. You'll need:

Tu prends…?   Are you taking…?
Je viens de…   I have just…
Il y a un poids lourd qui est en panne   There's a heavy goods vehicle which has broken down.

GRAMMAIRE

The use of the conditional to express politeness

In Unit 3 you learned how the conditional tense is used to express what *would* happen, *if*... In this unit you heard the conditional tense being used to express politeness. Here are a couple of examples. You will see that English often uses a conditional in the same way.

<u>Pourriez</u>-vous me renseigner sur les transports pour s'y rendre?
Could you please give me some information on the ways of getting there?

Et <u>pourriez</u>-vous me donner les horaires?
And could you please give me the times?

Here is one from Unit 8:

Est-ce que vous <u>auriez</u> un job pour les vacances?
Would you happen to have a job for the holidays? / Would you by any chance have a job for the holidays?

In all of these examples the present tense could have been substituted for the conditional (**<u>pouvez</u>-vous**, **vous <u>avez</u>**), but the resulting sentence would not have sounded as polite.

Of course, there are other ways of expressing politeness, such as in this sentence from **Dialogue 2**:

Pouvez-vous aussi <u>avoir la gentillesse de</u> m'indiquer comment sortir de Paris...?
Can you be so kind as to show me how to get out of Paris...?
(This turn of phrase is a bit formal, and is used more by the older generation than the younger generation.)

12 Translate these sentences into French, using a conditional to make them sound polite. Use the **vous** form of 'you'. The first one has been done for you.

a Would you happen to have a map of France?
    Auriez-vous une carte de la France? / (Est-ce que) vous auriez une carte de la France?

b Would you happen to know where the Hertz office is?
    _____

c Would you be so kind as to help me with my luggage?
    _____

d Could you please give me some information on the length of the journey?
    _____

e Would this by any chance be your first visit?
    _____

f I would advise you to leave straightaway.
    _____

g Would you happen to have the timetable for Paris?
    _____

Answers p. 162

Using en + a verb ending in -ant

In **Dialogue 2** Dominique said:

Pouvez-vous aussi avoir la gentillesse de m'indiquer comment sortir de Paris <u>en évitant</u> les embouteillages…?
Can you be so kind as to show me how to get out of Paris <u>avoiding</u> the traffic jams…?

When **en** is followed by a verb ending in -ant (called the present participle), it is often translated into English by a verb ending in '-ing' or by the idea of 'by doing something' or 'while doing something'. Here are a couple more examples:

<u>En partant</u> d'ici tout de suite tu devrais éviter les difficultés sur le périphérique.
By leaving now you should be able avoid the difficulties on the ring road.
(Or: If you leave now,…)

J'ai appris <u>en écoutant</u> la radio que la route était fermée.
I learned by/while listening to the radio that the road was closed.

<u>En m'approchant</u> du carrefour j'ai vu qu'il y a eu un accident.
While approaching / As I approached the crossroads I saw that there had been an accident.

The present participle is formed by taking the **nous** form of the present tense, taking off the -**ons** ending and adding -**ant**. For example:

voir → nous voyons → en voyant
faire → nous faisons → en faisant

There are 3 exceptions:

1   **être → en étant**
    On est allés chez Michel en étant sûrs qu'il serait là.
    We went to Michel's house, (being) sure that he would be there.

2   **avoir → en ayant**
    En ayant cette attitude, tu ne vas jamais réussir.
    With that attitude [literally 'Having that attitude'], you'll never succeed.

3   **savoir → en sachant**
    Je suis partie en sachant que je ne reviendrais jamais.
    I left knowing that I would never come back.

Care must be taken because English tends to use present participles ending in '-ing' much more than French uses **en** + verb ending in -**ant**, so you should not try to translate directly from English to French every time you see a verb ending in '-ing'. For the time being, make a note of examples of the construction as you come across them and be very cautious about using it yourself until you have a better 'feel' for how it is used. Understanding this construction should be your priority at the moment.

13 What do these sentences mean in English?

a En quittant la gare, j'ai vérifié les horaires des trains pour Amiens.

_____

b J'étais pressé, alors j'ai mangé un sandwich en écrivant la lettre.

_____

c En achetant votre billet, n'oubliez pas de demander si le train est direct.

_____

d Tournez à gauche en arrivant au cimetière.

_____

e En prenant le périphérique tous les jours on s'habitue vite aux embouteillages.

_____

f Elle a couru après le voleur en criant « Arrêtez!! »

_____

Answers p. 162

EXPRESSIONS IMPORTANTES

venir de	to have just
déménager	to move house
ma fille vient de déménager	my daughter has just moved house
Pourriez-vous me renseigner sur…?	Could you please give me some information on…?
je préférerais prendre le train	I would prefer to take the train
Pourriez-vous…?	Could you…?
Pouvez-vous aussi avoir la gentillesse de…?	Would you be so kind as to…?
Pourriez-vous me donner les horaires?	Could you give me the times?
il suffit de	all you have to do is, you only have to
il suffit d'être un peu prévoyant(e)	all you have to do is to plan in advance a bit / to be a little more far-sighted
avoir envie de	to feel like
changer d'air	to have a change of air, to have a change
louer	to hire, to rent
je désire louer une petite voiture	I'd like to hire a small car
le permis de conduire	driving licence
Sans aucun problème! Aucun problème! Pas de problème(s)!	No problem!
vous n'avez plus qu'à (signer/partir/payer)	the only thing you have left to do is (to sign/leave/pay)
l'embouteillage (m.)	traffic jam
à cette heure-ci	at this time of day
jusqu'au bout	to the very end
je vous en prie	don't mention it
une fois pour toutes	once and for all
Bonne route!	Have a good journey!
donnez-moi vos coordonnées	give me your address and telephone number
le périphérique	ring road
être en panne	to be broken down

14 A friend of yours wants to know how to get from your house to somewhere a few streets away. Explain in French how to get there. If you are working with a partner, take turns in giving and following directions using a local street map.

15 Someone wants to travel to Paris from your home town. Tell them as accurately as you can, explaining the means of transport available, how to get to the airport, train or bus station, etc., and approximately how long it will take. Then listen to Brigitte giving similar information on the recording. If you are working with a partner, take turns in asking and answering the questions.

RADIO

16 In this radio extract, Madame Nebout, an expert on the parks and gardens of Paris, describes a walk around Notre-Dame, starting at **le chevet** (the apse). The map should help you follow the route.

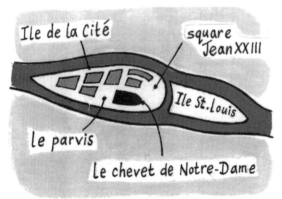

l'envers (m.)   wrong side; **prendre le problème à l'envers,** (here) 'to approach the problem from the other side'
le parterre fleuri   flower bed
le jardinier   gardener
tant de monde   so many people
le vaisseau   nave
un petit coup d'œil   a little glance
le parvis   the square in front of the portal
peu poétique   not very poetic

Answer these questions. Use the transcript to help you with any that you find difficult.

a   Which square gets the prize for the best flower beds every year?

_____

b   Where is this square? _____

c   Where is the **point zéro** stone? _____

_____

d   What does it indicate? _____

_____

Transcript p. 217

e   What system does Madame Nebout describe as not very poetic?

Answers p. 162

_____

EXERCISE 1

(a) pour voir sa fille (b) elle vient de déménager
(c) le train et l'avion (d) le train (e) environ
cinq heures (f) des consignes

EXERCISE 2

(a) pour mieux répondre à vos besoins
(b) dorénavant (c) il suffit de (d) quelle que
soit votre destination (e) Vous avez envie de
changer d'air? (f) Les occasions...ne manquent
pas! (g) plus vous prévoyez votre départ à
l'avance, plus le prix est avantageux

EXERCISE 3

(a) Tarif Découverte à Deux: return journey for two
people (no restrictions on who the second person
can be or on the destination); 25% (b) Tarif
Découverte Séjour: you have to be away for a
Saturday night and the distance travelled must be
more than 200 km; 25% (c) Tarif Découverte J8:
you have to reserve between 8 days (a week) and 2
months in advance of departure and reductions are
available for 470 destinations in 2nd class; actual
reduction not mentioned (d) Tarif Découverte
J30: you have to reserve between 30 days and 2
months in advance of departure and reductions are
available for 470 destinations in 2nd class; actual
reduction not mentioned, but it is cheaper than the
J8 fare.

EXERCISE 4

(a) avion, train (b) train (c) Gare de Lyon
(d) environ 3 heures (e) direct (f) départ:
9 heures 48; arrivée: 12 heures 54

EXERCISE 6

(a) ii (b) iii (c) iii (d) iii (e) ii

EXERCISE 7

Incorrect: (a) tu signes le contrat qui est déjà
complété (Once you've joined, you don't need to
sign a contract again.) (b) Tu n'as besoin ni de
remplir le contrat, ni de montrer ton permis de
conduire. (You still have to show your driving
licence every time you hire a car.) (c) D'abord, il
faut avoir loué une voiture chez Hertz au moins
trois fois dans un des 21 pays concernés. (There
is no mention of any such condition.) (d) ensuite il
faut simplement répondre à quelques questions
(You have to fill out a written membership contract.)
(e) il y a 6040 agences à travers le monde (There
are 640.) (f) Presque 300! (Not *nearly* 300, *more*

than 300 – plus de 300.)

EXERCISE 9

(a) outer ring road: between the Porte de Sèvres and
the Porte d'Orléans and between the Porte de
Gentilly and the Porte de Charenton; inner ring
road: between the Porte de Clichy and the Porte de
la Chapelle. (b) inner ring road: between the Porte
du Pré-St-Gervais and the Porte de Vincennes; outer
ring road: between the Porte de St-Ouen and the
Porte d'Auteuil.

EXERCISE 10

This is the route that she should have taken: From
La Porte des Lilas, along la rue de Paris (D117) to
the crossroads. Right at the crossroads into le
boulevard H. Barbusse. Straight all the way to just
before the cemetery. Right at the crossroads before
the cemetery into le boulevard du 26 août 1944.
Right at the T-junction, and carry on, following signs
to la A4.

EXERCISE 12

(b) Sauriez-vous où se trouve le bureau
Hertz?/(Est-ce que) vous sauriez où se trouve le
bureau Hertz? (c) Pourriez-vous avoir la
gentillesse de m'aider avec mes bagages?/ (Est-
ce que) vous pourriez avoir la gentillesse de
m'aider avec mes bagages? (d) Pourriez-vous
me renseigner sur la durée du trajet?/(Est-ce que)
vous pourriez me renseigner sur la durée du
trajet? (e) Serait-ce votre première visite?
(f) Je vous conseillerais de partir tout de suite
(g) Auriez-vous l'horaire pour Paris?

EXERCISE 13

Other translations may be possible, just check that the
sense of your sentence means the same as that given:
(a) On leaving the station, / As I left the station, I
checked the train times to Amiens. (b) I was in a
hurry, so I ate a sandwich as I wrote the letter.
(c) When you buy your ticket, don't forget to ask if the
train is direct. (d) Turn left as you get to the
cemetery / at the cemetery. (e) Using/When you use
the ring road every day, you quickly get used to traffic
jams. (f) She ran after the thief, shouting 'Stop!!'

EXERCISE 16

(a) the square Jean XXIII (b) at the apse of Notre
Dame (c) in the square in front of the portal of
Notre-Dame (d) the centre of Paris from which all
distances are measured (e) the metric system

VERS L'AVENIR

WHAT YOU WILL LEARN
- ▶ something about the different TV channels in France
- ▶ how to talk about what TV channels you like and why
- ▶ something about the applications of satellite technology
- ▶ how to describe what something is used for

POINTS TO REMEMBER

Congratulations on reaching the last unit. You have put a lot of time and energy into studying the course, and have spent many hours learning new vocabulary and structures. Do protect this investment by planning how you will keep up with your French at the end of the course; if you don't, you are likely to forget what you have invested so much time in learning.

Here are some suggestions on how to do it:

- read French newspapers and magazines
- listen to French-language radio
- watch French satellite television or French films on TV
- telephone or write to your friends in France
- talk to yourself in French (aloud or in your head) as you go about your daily business
- take every opportunity to meet French people in your country, perhaps through town-twinning or French circles
- replay the recordings from the course while you are doing other things
- use the Internet to download material in French

BEFORE YOU BEGIN

In this unit you will come across quite a few technical terms. Don't panic! You will quickly see that technical terms in French and English are very often almost identical, and you will usually be able to guess at their meanings quite effortlessly.

Special attention is paid in this unit to the use of prepositions in French. Some examples of prepositions are **à**, **de**, **par**, **avec**. They are small but important words. Each dialogue in this unit will be followed by an exercise on prepositions, and you will have some more practice on them in the **Grammaire**.

DIALOGUE 1

Les chaînes de la télévision française

Mireille Les chaînes de télévision française, alors à peu près je dirais six chaînes essentielles. Ou je devrais dire cinq chaînes essentielles, la Sixième diffusant essentiellement des clips vidéo toute la journée et toute la nuit depuis les années 80. La première chaîne et la deuxième chaîne ont généralement la réputation en France de proposer des programmes accessibles à tous avec une information plus ou moins discutable au niveau de la qualité des analyses, par exemple...pas mal de films de grande série, ça serait un petit peu la chaîne des grandes productions. Et puis la troisième chaîne qui était à l'origine une chaîne régionale, tend à proposer maintenant des programmes un peu plus diversifiés et à prendre une stature un peu plus importante que, qu'à ses débuts comme chaîne régionale. Ensuite, on a la, la...ce qui est le Canal Plus qui est donc une chaîne privée et qui a été à l'origine de toute une programmation dite un petit peu plus élitiste, mais qui permettait d'avoir accès à des programmes culturels qu'on n'aurait pas vus sinon. Et enfin, la dernière, c'est-à-dire la cinquième chaîne qui nous permet maintenant de, d'avoir accès à des programmes qui sont diffusés en France et en Allemagne essentiellement par ARTE, qui est une programmation qui permet en particulier de regarder des soirées thématiques, qui serait la chaîne culturelle en l'occurence en France et qui a eu quelques difficultés à se faire reconnaître et à s'imposer, parce que ses programmes n'étaient pas toujours accessibles mais qui maintenant complète tout à fait et équilibre tout ce que l'on peut trouver sur les autres chaînes françaises.

diffuser to broadcast; **l'émission** (f.) broadcast, programme
les années 80 the 1980s
discutable questionable
avec une information plus ou moins discutable au niveau de la qualité des analyses the quality of whose news analysis is more or less questionable
un film de grande série mass-produced film
tendre à to tend to
à l'origine originally; (later) **être à l'origine de**, 'to be at the root of'
diversifié(e) varied
dit(e) (which is) said to be
qu'on n'aurait pas vus sinon that would not have been seen otherwise; here **vus** agrees with the direct object **des programmes culturels** because it is followed by **que**. See the Grammar summary on agreement of past participles for more examples.
la cinquième chaîne this channel (also known as **la Cinq**) broadcasts during the day and shares its frequency with **ARTE**, which broadcasts from about 7 o'clock at night. About half the programmes on **ARTE** are French and half German, with most being dubbed into French in France and into German in Germany.
les soirées (f.) **thématiques** theme evenings (evenings when several programmes on a similar theme are broadcast)
en l'occurrence in this case, in this instance
qui a eu quelques difficultés à se faire reconnaître et à s'imposer which had some difficulties in getting itself recognised and in making a name for itself
équilibrer to balance

Note: Mireille obviously does not watch **la Sixième** (**M6**, also known as **la Six**) very much, as although they do show video clips, it is by no means all day and all night. They show a variety of programmes, with a great many dubbed American films and series.

TRAVAUX PRATIQUES

1 Listen to the recording and match up the descriptions to the correct channels. In the right-hand column, write the number(s) that correspond to the descriptions.

	Channel	Description
a	Première chaîne (TF1)	
b	Deuxième chaîne (FR2)	
c	Troisième chaîne (FR3)	
d	Canal Plus	
e	ARTE	
f	Sixième chaîne (M6)	

i   The quality of its news analyses is sometimes questionable.
ii   Started out as a regional channel.
iii   Has thematic evenings.
iv   Was at the root of a more élitist programming.
v   Broadcasts programmes which are accessible to everyone.
vi   Now tries to put on more diverse programmes.
vii   Broadcasts programmes in France and Germany.
viii   Shows video clips.
ix   A private channel.
x   Gave access to cultural programmes that would not have been seen otherwise.
xi   Is the cultural channel.

Answers p. 180

2 Find these expressions in the text and fill in the preposition that follows them.

a   avoir la réputation ___
b   être accessible ___
c   au niveau ___
d   tendre ___
e   être à l'origine ___
f   avoir accès ___
g   permettre (à quelqu'un) ___
h   avoir des difficultés ___

Answers p. 180

3 Here are some of the cinema channels available on *CANAL*SATELLITE.

CANALSATELLITE
le meilleur du numérique
PANORAMA DES OFFRES

TOUTES LES FORMULES D'ABONNEMENT DE CANALSATELLITE

OPTION CINEBOX

7 € par mois

CINÉBOX est un peu la "vitrine" des trois autres chaînes de l'option Cinébox (Ciné FX, Ciné Comic et Ciné Polar). Chaque soir (sauf le samedi), vous découvrirez en avant-première un nouveau film.

CINÉ POLAR, la chaîne du polar et du policier américain, français, britannique, asiatique…
Le lundi, une soirée Film noir; le mardi, Investigation; le mercredi, Thriller; le jeudi, Gangsters; le vendredi, Street Polars; le dimanche, Espions.

CINÉ FX est la chaîne du fantastique et de la science-fiction avec les œuvres des spécialistes du genre.
Le lundi, une soirée Avenir du futur; le mardi, Mondes perdus; le mercredi, Space opéra; le jeudi, Science interdite; le vendredi, Malédictions; le dimanche, Monstres, etc.

CINÉ COMIC, la chaîne qui va vous faire hurler de rire! Au programme, des comédies de mœurs, des comédies romantiques ou des films cultes comme ceux de la troupe du Splendid.
Le lundi, une soirée Boulevard: le mardi, une comédie de mœurs; le mercredi, Culte; le jeudi, Loufoque; le vendredi, Classique Comic; le dimanche, Comédie romantique.

le numérique	digital
l'abonnement (m.)	subscription
(s'abonner à	to subscribe to)
la vitrine	shop-window
l'avant-première (f.)	preview
le polar	whodunnit
l'œuvre (f.)	work
hurler	to scream
la comédie de mœurs	comedy of manners
(les mœurs (f.pl.)	morals, behaviour, customs)
loufoque	crazy

Answers p. 180

See if you can answer these questions:

a How much does it cost to subscribe to the *Cinébox* option? _____

b On which night of the week are there no films on any of its channels?

_____

c What is the one future tense in the text? (It means 'you will discover'.)

_____

d Which channel shows spy films on Sundays? _____

e Which channel promises to make you scream with laughter? _____

_____

f French has two different words for 'future'. What is the expression used here for 'Future of the future'? _____

g Which channel acts as a showcase for the other three?_____

_____

4

Brigitte is telling Walter about her television-watching habits. Listen and then complete the following summary.

payant(e)   for which you have to pay

Pour Brigitte la télévision est essentiellement un
_____**a**. Le soir, pendant qu'elle prépare le
_____**b**, elle regarde les informations _____**c** sur la Une ou
la Deux. Plus tard, elle _____**d** pour regarder
_____**e**. Pour elle la télévision est un moyen de
_____**f** aussi. Elle aime regarder les films _____**g**, et le
weekend et le _____**h** soir elle regarde les _____**i**. Elle ne
regarde pas souvent la Six parce qu'elle n'apprécie pas les
_____**j**. Elle ne regarde pas Canal Plus, parce que c'est
une chaîne _____**k**, et elle n'y est pas _____**l**. Sur ARTE elle
regarde quelquefois les _____**m**, mais elle ne regarde pas
souvent les films _____**n** parce qu'elle parle ni
_____**o** ni _____**p**.

Answers p. 180

5

Brigitte... What characterises the television channels in your country? Prepare answers to the following questions and then answer them aloud when you hear the questions on the recording. There are no English prompts for your answers.

- Vous avez combien de chaînes de télévision chez vous? Lesquelles?
- Quelle est la chaîne que vous préférez? Pourquoi?
- Est-ce qu'il y a une chaîne « culturelle »? Si oui, laquelle?
- Quelle est la chaîne qui se consacre au divertissement? A votre avis, est-ce un divertissement de qualité?
- A votre avis, est-ce qu'il y a une chaîne qui aborde plus que les autres les grands problèmes de notre temps?

DIALOGUE 2

A quoi servent tous ces satellites?

Intervieweuse	A quoi servent tous ces satellites que vous fabriquez?
M. Vaillant	Donc, il y a, par exemple, des satellites qui sont utilisés pour l'exploration de la Terre, donc qui sont capables de prendre des photos de la Terre, de mesurer la température, de mesurer l'altitude de la mer et donc d'en déduire les courants marins. Donc ce type de satellite permet de déterminer où sont les bancs de poissons, et donc d'indiquer aux pêcheurs là où ils peuvent jeter leurs filets. Dans le domaine de l'agriculture, on peut connaître, on peut évaluer une récolte, même avant que le blé ait germé, s'il s'agit du blé, en mesurant l'humidité qu'il y a dans le sol. Alors, c'est extrêmement intéressant, parce que...on peut savoir que dans telle zone, la récolte sera bonne ou la récolte sera mauvaise, et si la récolte est mauvaise, de demander aux agriculteurs de l'autre hémisphère de, de planter la culture ou la céréale qui sera en manque de l'autre côté, et donc d'arriver à avoir une production qui correspond à la consommation, sans excès ou sans perte.

A quoi servent...? What are…(used) for?; **servir à quelque chose** means 'to be used for something'; **se servir de quelque chose pour** means 'to use something for'

fabriquer to make, to manufacture

déduire quelque chose de to deduce something from; **d'en déduire les courants marins**, 'to deduce marine currents from them'

le banc de poissons shoal of fish

le pêcheur fisherman; **pêcher** means 'to fish'

là où where

le filet net

la récolte yield, harvest

le blé wheat

germer to germinate; **même avant que le blé ait germé** even before the wheat has germinated. Note that **avant que** is followed by the subjunctive form of the verb. You will hear another example of this in **Dialogue 3**. Often in French a **ne** accompanies the expression **avant que**.

This **ne** does not carry any negative meaning. So he could have said **avant que le blé n'ait germé**.

dans telle zone in such and such an area

la culture crop

le manque shortage, lack; **qui sera en manque de l'autre côté**, 'which will be in short supply on the other side (of the world)'

la perte waste, loss

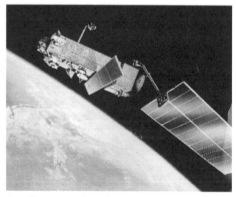

A satellite orbiting the earth

6 Correct this transcript just by listening to the dialogue if possible. When you have done so, you will see that all the 'incorrect' words are synonyms or near-synonyms of those used in the original dialogue.

Intervieweuse	A quoi servent tous ces satellites que vous produisez?
M. Vaillant	Donc, il y a, par exemple, des satellites qui sont utilisés pour l'exploration de la planète, donc qui peuvent prendre des photos de la Terre, de mesurer la température, de mesurer la profondeur de la mer et donc d'en déduire les courants océaniques. Donc ce genre de satellite permet de préciser où sont les bancs de poissons, et donc de montrer aux pêcheurs là où ils peuvent pêcher. Dans le secteur de l'agriculture, on peut connaître, on peut juger une récolte, même avant que le blé ait germé, s'il s'agit du blé, en calculant l'humidité qu'il y a dans la terre.

Answers p. 180

7 Find these expressions in the transcript of **Dialogue 2** and fill in the preposition that follows them.

a être utilisé _____
b être capable ____
c indiquer ___ (quelqu'un)
d il s'agit ____
e demander ___ (quelqu'un) ___ (faire)
f arriver ___
g correspondre ___

Answers p. 180

Au cours d'un cocktail, un astrophysicien parle de ses dernières expériences.
« Cette année, on a envoyé des centaines de souris dans l'espace. »
« Ça alors! » s'exclame une dame, « mais c'est un moyen bien coûteux de se débarasser de ces bestioles!! »

---

le cocktail cocktail party
l'astrophysicien(ne) astrophysicist
l'expérience (f.) expériment
la souris mouse

Ça alors! Good grief!
coûteux (couteuse) costly
se débarasser de to get rid of
la bestiole animal, creature

---

8 Here is an extract from *Télérama* about a programme on the television of the future. It begins with a quotation from Einstein.

Envoyé Spécial   F2   22.25

Einstein: « Trois bombes vont marquer le XXe siècle: la bombe nucléaire, la bombe démographique et la bombe des télé-communications. » Eh bien, nous y sommes: la bombe des Télécom est prête à exploser. Des centaines de satellites se bousculent déjà au-dessus de l'équateur, les électroniciens mettent la dernière touche aux nouveaux écrans multimédia qui permettront à la fois de zapper sur toutes les chaînes de la planète, de téléphoner, travailler, écrire, jouer, faire ses devoirs de classe, son shopping ou encore retenir un billet d'avion. Et tout ça sur le même écran, celui, tout bête, de votre téléviseur. Les consommateurs-téléspectateurs vont-ils se ruer sur ces nouveaux services? Accepteront-ils de les payer? Comme le dit le sociologue Alain Le Diberder, « On y gagera sûrement en liberté, on y perdra sûrement en égalité ». Un seul reproche à cette enquête: sa brièveté. Tout de même, il s'agit d'une révolution!

---

nous y sommes   (here) the time has come (literally 'we are there')
exploser   to explode
des centaines de   hundreds of
l'électronicien(ne)   electronics engineer
mettre la dernière touche à   to put the finishing touch to
zapper   to channel flick
les devoirs (m)   homework

tout bête   (here) quite simply
se ruer   to rush
on y gagnera sûrement en liberté, on y perdra sûrement en égalité   we will most probably gain in terms of freedom, but lose in terms of equality
le reproche   reproach
la briéveté   brevity

Write down the questions that elicited these answers about the programme. You may want to refer to the section on question formation on p. 201 of the Grammar summary before you start.

a   La bombe nucléaire, la bombe démographique et la bombe des télécommunications. _____

b   Il y en a des centaines.

   _____

c   Ils permettront de zapper sur toutes les chaînes de la Planète, de téléphoner, travailler, écrire, jouer, faire ses devoirs de classe, son shopping, ou retenir un billet d'avion.

   _____

d   On va pouvoir faire tout cela sur l'écran de son téléviseur.

   _____

---

e On se demande si les consommateurs-téléspectateurs vont se ruer sur ces nouveaux services et s'ils accepteront de les payer.

_____

f Il veut dire qu'il y aura beaucoup de consommateurs qui n'auront pas les moyens de payer cette nouvelle technologie.

_____

Answers p. 180

_____

9 Satellites have many uses. Brigitte tells us about some of them. Listen to the recording and answer these questions in English.

a What does one immediately think of when considering what satellites can be used for? _____

b In this area, what is the advantage of using satellites?

_____

c What particular type of photos does she mention? _____

d What are they able to do that ordinary optical photos cannot do?

_____

e What are these sorts of satellites used for? _____

_____

f To what other uses can this sort of photography be put?

_____

g What information do the satellites that monitor the seas give us?

Answers p. 180

_____

10 Follow the prompts on the recording to answer Walter's questions about what satellites are used for. You will need:

faire des prévisions météorologiques   to make weather forecasts
ce qui est très utile pour   which is very useful for

A sculpture in the centre of Nice

DIALOGUE 3

La simulation par ordinateur

M. Vaillant Dans la conception d'un satellite, on est obligé, avant de le réaliser, d'être sûr qu'il marchera, parce qu'on peut pas s'amuser à lancer le satellite et puis d'observer pour voir s'il marche ou s'il marche pas. Donc, le travail que je fais consiste à fournir aux ingénieurs des logiciels leur permettant de simuler le fonctionnement du satellite, avant qu'il soit lancé, donc pour être sûr qu'il fonctionnera comme on l'a prévu. Alors, ce qu'on doit vérifier, c'est par exemple, de savoir si le satellite supportera les vibrations auxquelles il sera soumis au moment du lancement, ou le bruit généré par le lanceur. Il faut vérifier également qu'il supportera des radiations – il y a beaucoup de radiations dans l'espace – et, le satellite étant fait pour rester en vie pendant une quinzaine d'années, il va recevoir beaucoup de radiations, donc il faut vérifier qu'il le supportera.

la conception design. You saw the verb **concevoir**, meaning 'to design', in Unit 9.

réaliser to make

s'amuser à (faire quelque chose) to mess about (doing something), to waste time (doing something). Later in this sentence he should have repeated the preposition **à** (or just left it out altogether) rather than using **de** in **d'observer pour voir...**

lancer to launch. In this dialogue you also hear **le lancement**, 'the launch', and **le lanceur**, 'launcher'.

consister à to consist in

fournir to provide

simuler to simulate

avant qu'il soit lancé before it is launched. Note the use of the subjunctive after **avant que**. As already explained in the notes to **Dialogue 2**, he could also have said **avant qu'il ne soit lancé**.

prévu anticipated, from the verb **prévoir**, meaning 'to anticipate'

les vibrations auxquelles il sera soumis the vibrations to which it will be subjected

généré(e) par generated by

le satellite étant fait pour rester en vie pendant une quinzaine d'années the satellite having been built to have a life of about fifteen years

Computer-testing of satellites

11 Choose the correct ending to each of the following sentences. You may want to listen to the dialogue again.

a On doit tester les satellites...
   i avant de les fabriquer. ☐
   ii après les avoir fabriqués. ☐
   iii pendant leur fabrication. ☐

b Monsieur Vaillant crée des logiciels pour les gens qui...
   i lancent les satellites. ☐
   ii conçoivent les satellites. ☐
   iii observent les satellites. ☐

c Les logiciels de Monsieur Vaillant permettent aux ingénieurs de tester comment le satellite...
   i a fonctionné. ☐
   ii va fonctionner. ☐
   iii fonctionnait. ☐

d Les logiciels de Monsieur Vaillant sont utilisés...
   i avant le lancement. ☐
   ii pendant le lancement. ☐
   iii après le lancement. ☐

e Le satellite sera soumis à des vibrations...
   i avant le lancement. ☐
   ii après le lancement. ☐
   iii pendant le lancement. ☐

f Il faut savoir si le satellite va supporter...
   i les radiations pendant le lancement. ☐
   ii les vibrations et le bruit pendant le lancement. ☐

g Le satellite est fait pour rester en vie pendant à peu près...
   i 5 ans. ☐
   ii 15 ans. ☐
Answers p. 180   **iii** 50 ans. ☐

12 Find these expressions in the transcript of **Dialogue 3** and fill in the preposition that follows them.

a être obligé ____
b s'amuser ____
c consister ____
d fournir ____ (quelqu'un)
Answers p. 180 **e** être soumis ____

13 The following text describes how satellite technology can be used to help in the study of the incidence of fires across the globe.

FIRE: Le feu dans le suivi de l'environnement et des ressources terrestres. Un projet du Centre Commun de Recherche de la Commission Européenne.

La plupart des écosystèmes terrestres sont affectés à un moment ou un autre par le feu. Bien que certains feux soient provoqués naturellement, leur plus grande partie résulte des activités humaines. La majorité des savanes tropicales du globe brûle périodiquement; en Afrique, 75% des savanes brûlent chaque année, soit une surface supérieure à 300 millions d'hectares. La quantité de matière sèche consumée par les feux de forêt et de savane, la combustion de bois et de déchets agricoles et la production de charbon de bois est estimée à 8680 millions de tonnes par an. [...]

L'observation spatiale de la Terre fournit des mesures systématiques et cohérentes d'une série de paramètres liés aux feux et à leurs impacts. La détection spatiale des feux s'appuie sur les informations visibles et thermiques fournies par les capteurs des satellites MÉTÉOSAT, Landsat, SPOT et NOAA.

L'ensemble de ces systèmes couvre une gamme de résolutions spatiales, spectrales et temporelles qui permettent d'une part des études détaillées des feux individuels, et d'autre part un suivi régulier de l'incidence des feux sur des continents entiers.

le suivi monitoring	**spatial(e)** space; spatial
brûler to burn	**lié(e) à** linked to
l'hectare (m.) hectare – an area equal to 10,000 square metres, or 2.471 acres	**s'appuyer sur** to be based on
	d'une part…et d'autre part on the one hand…and on the other hand
la matière matter, material	
sec (sèche) dry	

Are these statements true or false? Correct the false ones.

		True	False
a	Most fires are due to natural causes.	☐	☐
b	More than 300 million hectares of savannah land in Africa burns each year.	☐	☐
c	The detection of fires by satellite is based on visible and thermal information.	☐	☐
d	Satellite technology is unable as yet to study individual fires.	☐	☐
e	It is hoped that in the future satellites will be able to provide regular monitoring of fires on whole continents.	☐	☐

Answers p. 180

14

Satellite technology is not by any means the only area in which computer simulation is used. Listen to Walter explaining how it is used in the automotive industry. Fill in the gaps in the sentences to complete the crossword.

Dans la ⑥ d'une voiture, avant de la ⑩ , on est obligé d'être sûr qu'elle marchera. Donc avant même de construire un modèle, on ③ le ⑧ de la voiture par ordinateur, pour être sûr qu'elle fonctionnera comme on l'a prévu. Alors, par exemple on vérifie la ② des gaz dans le moteur, on ⑨ tous les systèmes ⑤ de la voiture, etc. avec un modèle informatique. Ensuite, bien sûr, on simule les ① , en étudiant tous les points d' ⑦ possibles de la voiture. Il faut être sûr qu'elle ④ l'impact dans des collisions à différentes vitesses.

Answers p. 180

15

You are going to interview Monsieur Vaillant for a general-interest radio programme on satellite technology. You are preparing the questions that you are going to ask him. Philippe will prompt you in English.

● What are all these satellites used for?
● How can these satellites help farmers and fishermen?
● What do you do exactly?
● What has to be done before the launch of a satellite? (Use **Qu'est-ce qu'il faut faire...?**)
● In your opinion, what will the future of satellite technology be? (Use **quel sera...?**)

GRAMMAIRE

The use of prepositions

Some say that mastery of the use of prepositions in a foreign language is a sure sign of mastery of the language. Very often the choice of prepositions is quite different in French and English, and simply has to be learned. The dialogues in this unit provide a rich source of prepositions that occur in set expressions. See if you can remember which prepositions go in which expressions.

16 Fill in the correct preposition **de**, **à** or **pour**. Don't forget to change **de** to **d'** or **des** and **à** to **au** or **aux** where necessary.

a Nous avons la réputation ＿＿ être capable ＿＿ résoudre tous les problèmes techniques dans ce domaine.

b Je suis désolé, mais j'étais obligé ＿＿ fournir ＿＿ le directeur tous les documents qui nous ont permis ＿＿ simuler le lancement.

c Vous n'allez quand même pas vous amuser ＿＿ demander ＿＿ Jean ＿＿ vous donner accès ＿＿ tous ces documents!

d Notre production ne correspond plus ＿＿ la demande.

e Il s'agit ＿＿ un satellite qui va être utilisé ＿＿＿ la télédétection.

f Notre travail consiste ＿＿ mesurer la température de la mer.

g On est bien en avance au niveau ＿＿ la technologie.

h Notre société est à l'origine ＿＿ l'initiative qui crée de nouveaux logiciels pour simuler le lancement d'un satellite.

i Beaucoup de chaînes de télévision étrangères sont accessibles ＿＿ tous par satellite.

j Je n'arrive pas ＿＿ croire que vous avez des difficultés ＿＿ indiquer ＿＿ vos employés là où ils doivent garer leur voiture.

> **Answers p. 180**

The future tense

The future can be expressed in French in two ways:

1 By using **aller** + infinitive verb. This is used when referring to a very imminent future, for example: **Regardez, maintenant je <u>vais simuler</u> le lancement du satellite.**

2 By using the future tense. This is used for expressing the future when it is not very imminent, for example: **Ne vous inquiétez pas, il n'y <u>aura</u> pas de problèmes – le satellite <u>supportera</u> les radiations.**

You saw several examples of the future tense in this unit. Here are a couple of them:

on est obligé…d'être sûr qu'il <u>marchera</u>
we have to know that it <u>will work</u>

on peut savoir que dans telle zone, la récolte <u>sera</u> bonne ou la récolte <u>sera</u> mauvaise
we can know that in such and such an area the harvest <u>will be</u> good or the harvest <u>will be</u> bad

If you have forgotten how to form the future tense, refer to p. 192 of the Grammar summary. Here are some of the more common irregular verbs which don't form their stem from the infinitive:

être	→	je **serai**
avoir	→	j'**aurai**
aller	→	j'**irai**
faire	→	je **ferai**
venir	→	je **viendrai**
pouvoir	→	je **pourrai**
vouloir	→	je **voudrai**
devoir	→	je **devrai**
envoyer	→	j'**enverrai**
savoir	→	je **saurai**
il faut	→	il **faudra** (only used in the **il** form)

17 Choose the appropriate verb from the box and complete these sentences using the future tense.

falloir	être
venir	avoir
résoudre	téléphoner
parler	savoir
partir	réparer

a   Il _____ nous voir l'année prochaine.
b   Au bout d'un an ici tu _____ le français comme un Français.
c   Venez vers seize heures. La chambre _____ prête.
d   Si vous voulez le voir, il _____ revenir la semaine prochaine.
e   Nous _____ les problèmes de la pollution, j'en suis sûre.
f   Je te _____ un de ces jours.
g   Si tout se passe bien, le train _____ à sept heures.
h   Ils m'ont promis qu'ils _____ la voiture samedi.
i   Quand les enfants seront plus grands, j' _____ plus de temps à moi.
j   Ne lui demande pas de leur parler, il ne _____ pas quoi dire.

Answers p. 180

Satellite Spot 4 undergoing tests, Toulouse

EXPRESSIONS IMPORTANTES

je dirais	I would say
je devrais dire	I should say
le travail que je fais consiste à	the work that I do entails / consists in
la quantité de… est estimée à	the quantity of…is estimated at
d'une part… et d'autre part	on the one hand…and on the other hand
servir à	to be used for
A quoi servent (ces satellites)?	What are (these satellites) used for?
le satellite (nous) permet de déterminer	the satellite enables us to determine
dans le domaine de (l'agriculture)	in the field of (agriculture)
s'amuser à faire quelque chose	to mess about doing something, to waste time doing something
ne vous amusez pas à faire cela	don't waste time doing that
en l'occurrence	in this case, in this instance
à l'origine	originally
être à l'origine de	to be at the root of
avoir la réputation de	to have the reputation of
accessible à tous	accessible to all
diffuser	to broadcast
tendre à	to tend to
équilibrer	to balance

18

Describe in French the different channels that are available to you in your country, and try to describe what characterises each one. Then listen to Walter describing the five main French channels in Belgium.

19

Describe in French the different uses to which satellite technology is put. Try to use most of the following verbs or expressions.

être utilisé pour	**indiquer (à)**
être capable de	**évaluer**
permettre de	**dans le domaine (de)**
mesurer	**on s'en sert pour** ('they are used
déterminer	for')

When you have finished, listen to Brigitte's version on the recording.

20

How do you see technology developing over the next 20 years? Choose one particular area (e.g. technology in the home, telecommunications) and describe how you think it may affect our lifestyles. Let your imagination run wild, and be as outrageous as you like. If you are working with a partner, you might like to ask each other questions such as:

- A ton avis, dans vingt ans, qu'est-ce qu'il y aura comme inventions qui nous faciliteront la vie de tous les jours?
- A ton avis, qu'est-ce que les ordinateurs seront capables de faire dans vingt ans?
- Est-ce que tu penses que la cuisine dans vingt ans ressemblera à la cuisine d'aujourd'hui?
- A ton avis, qu'est-ce qu'une voiture sera capable de faire dans vingt ans?

Listen to Brigitte's vision of the future when you have finished.

La Conquête de l'inconnu: *Jean Cocteau*

EXERCISE 1

(a) v, i   (b) v, i   (c) ii, vi   (d) ix, iv, x
(e) vii, iii, xi   (f) viii

EXERCISE 2

(a) de   (b) à   (c) de   (d) à   (e) de   (f) à
(g) de   (h) à

EXERCISE 3

(a) €7   (b) Saturdays   (c) vous découvrirez
(d) Ciné Polar   (e) Ciné Comic   (f) Avenir du
futur   (g) Cinébox

EXERCISE 4

(a) moyen d'information   (b) dîner
(c) régionales   (d) s'assoie   (e) le journal de 20
heures   (f) détente   (g) policiers   (h) mercredi
(i) variétés   (j) films américains   (k) payante
(l) abonnée   (m) documentaires   (n) en version
originale   (o) l'anglais   (p) l'allemand

EXERCISE 6

Synonyms: produisez/fabriquez; la planète / la
Terre; peuvent / sont capables de; la profondeur /
l'altitude; océaniques/marins; genre/type;
préciser/déterminer; de montrer / d'indiquer;
pêcher / jeter leurs filets; secteur/domaine;
juger/évaluer; calculant/mesurant; la terre / le sol

EXERCISE 7

(a) pour   (b) de   (c) à   (d) de   (e) à, de   (f) à
(g) à

EXERCISE 8

Possible questions: (a) Qu'est-ce qui va marquer le
XXᵉ siècle?   (b) Il y a combien de satellites au-
dessus de l'équateur? / Combien de satellites y a-
t-il au-dessus de l'équateur?   (c) Qu'est-ce que
ces nouveaux écrans permettront de faire?

(d) Sur quel écran va-t-on pouvoir faire tout cela?
(e) Qu'est-ce qu'on se demande?   (f) Qu'est-ce
qu'Alain Le Diberder veut dire par « on y perdra
en égalité »? / Quand Alain Le Diberder dit « on y
perdra en égalité », qu'est-ce qu'il veut dire?

EXERCISE 9

(a) telecommunications   (b) very good quality radio
and TV broadcasts   (c) radar photos
(d) photograph the earth even when there are
clouds   (e) weather forecasting, map making,
monitoring of crops   (f) civil and military
observation   (g) they can detect ocean currents,
temperatures, and tell us where the fish are

EXERCISE 11

(a) i   (b) ii   (c) ii   (d) i   (e) iii   (f) ii   (g) ii

EXERCISE 12

(a) de   (b) à   (c) à   (d) à   (e) à

EXERCISE 13

True: **b, c.** False: (a) (most result from human
activity); **d, (e)** (it does so already).

EXERCISE 14

1 COLLISIONS   2 CIRCULATION   3 SIMULE
4 SUPPORTERA   5 ELECTRIQUES
6 CONCEPTION   7 IMPACT
8 FONCTIONNEMENT   9 VERIFIE   10 REALISER

EXERCISE 16

(a) d', de   (b) de, au (à + le becomes au), de
(c) à, à, de, à   (d) à   (e) d', pour   (f) à   (g) de
(h) de   (i) à   (j) à, à, à

EXERCISE 17

(a) viendra   (b) parleras   (c) sera   (d) faudra
(e) résoudrons   (f) téléphonerai   (g) partira
(h) répareront   (i) aurai   (j) saura

GRAMMAR SUMMARY

This grammar summary contains:

1 GLOSSARY OF GRAMMATICAL TERMS

a Verbs

A VERB expresses action or being:

| **Le chien <u>mange</u> la viande.** | **Je <u>suis</u>.** | **Marie <u>déteste</u> le football.** |
| The dog <u>is eating</u> the meat. | I <u>am</u>. | Mary <u>hates</u> football. |

The SUBJECT of a verb is the person or thing performing the action of the verb:

| **<u>Le chien</u> mange la viande.** | **<u>Je</u> suis.** | **<u>Marie</u> déteste le football.** |
| <u>The dog</u> is eating the meat. | <u>I</u> am. | <u>Mary</u> hates football. |

The OBJECT of a verb is the person or thing on the receiving end of the action:

| **Le chien mange <u>la viande</u>.** | **Marie déteste <u>le football</u>.** |
| The dog is eating <u>the meat</u>. | Mary hates <u>football</u>. |

The INFINITIVE is the form of the verb that is found in the dictionary. In French it ends in **-er**, **-ir** or **-re**, and in English it is preceded by 'to':

| **manger** | **être** | **détester** |
| to eat | to be | to hate |

The TENSE indicates whether the action is situated in the past, the present, the future or a hypothetical context.

The VERB STEM is the part of the verb to which most tense endings are added. The stem is often the infinitive verb with the **-er**, **-ir** or **-re** removed, e.g. **nous <u>chant</u>ons**, but some stems are formed from other parts of the verb, e.g. **nous <u>chanter</u>ons**, **nous <u>finiss</u>ons**. Details of which stems are used are given in Section 5 below.

b Nouns and gender

A NOUN is the name of a person or thing:

| **Marie** | **chien** | **viande** |
| Mary | dog | meat |

In French, all nouns belong to one of two groups called GENDERS (masculine and feminine). These are often indicated thus:

chien (m.), **viande** (f.).

c Articles

French ARTICLES are the equivalents of 'the', 'a', 'an' and 'some':

le, la, l', les, un, une, du, de la, de l', des.

d Pronouns

A PRONOUN is a word that stands instead of a noun:

| **Marie déteste le football.** | → | **Elle <u>le</u> déteste.** |
| Mary hates football. | → | <u>She</u> hates <u>it</u>. |

e Adjectives

An ADJECTIVE describes a noun or pronoun:

beau, bel, belle, beaux, belles	**grand(e)(s)**	**vert(e)(s)**
beautiful	big	green

POSSESSIVE ADJECTIVES are words such as:

mon, ma, mes	**son, sa, ses**	**notre, nos**
my	his/her	our

DEMONSTRATIVE ADJECTIVES are:

ce, cet, cette	**ces**
this/that	these/those

f Adverbs

An ADVERB is a word which modifies the action of a verb:

complètement	**bien**	**vite**
completely	well	quickly

g Prepositions

A PREPOSITION is a word or phrase which comes before a noun or pronoun to show its relation to another part of the sentence:

sous	**à côté de**	**sans**
under	next to	without

2 PRONOUNS

a Subject pronouns

Subject pronouns replace the subject of a sentence:

Marie déteste le football. → **Elle** déteste le football.

Here is the full list of subject pronouns:

je	I	**nous**	we
tu	you	**vous**	you
il	he	**ils**	they
elle	she	**elles**	they
on	one, we		

b Direct object pronouns

When referring to a person or thing which is the object rather than the subject of a sentence, we use a direct object pronoun:

Marie déteste le football. → **Marie le déteste.**

Here is the list of direct object pronouns for each person:

me	me	**nous**	us
te	you	**vous**	you
le	him/it	**les**	them
la	her/it		

Il va **le** reconnaître.	He's going to recognise <u>him</u>/<u>it</u>.
Je vais **les** acheter.	I'm going to buy <u>them</u>.
Ils **me** regardent.	They are watching <u>me</u>.

c   Indirect object pronouns

Indirect object pronouns replace a noun which follows a verb and a preposition (very often the preposition **à**). You can identify an indirect object by checking if it answers the question 'to who(m)'?

| Il **lui** a montré son CV. | He showed it <u>to him</u>. |
| (A qui a-t-il montré son CV? | To whom did he show his CV?) |

The pronouns **me**, **te**, **nous** and **vous** are the same whether they are used as direct or indirect pronouns.

Direct:

| Il **me** comprend. | He understands <u>me</u>. |
| Elle **nous** aime. | She loves <u>us</u>. |

Indirect:

| Il **me** dit... | He says <u>to me</u>... |
| Elle **nous** explique... | She explains <u>to us</u>... |

However, for the other pronouns you have to use **lui** (to him / to her / to it) or **leur** (to them):

| Il **lui** dit merci. | He says thank you <u>to her/him</u>. |
| Elle **leur** donne la lettre. | She gives the letter <u>to them</u>. |

Note: Care must be taken as some verbs which take an indirect object in French take a direct object in English. Here are some of them:

téléphoner à (quelqu'un)	to telephone someone
dire à (quelqu'un de faire quelque chose)	to tell (someone to do something)
demander à (quelqu'un de faire quelque chose)	to ask (someone to do something)
commander à (quelqu'un de faire quelque chose)	to order (someone to do something)
conseiller à (quelqu'un de faire quelque chose)	to advise (someone to do something)
interdire à (quelqu'un de faire quelque chose)	to forbid (someone to do something)
ressembler à (quelqu'un / quelque chose)	to look like / resemble (someone/ something)

So you would say:

| Elle **lui** a téléphoné. | She phoned <u>him/her</u>. |
| Nous **leur** avons conseillé de rester à la maison. | We advised <u>them</u> to stay at home. |

d   Emphatic pronouns

In French you cannot stress personal pronouns such as **je**, **tu**, **il**, **elle**, etc. for emphasis in the same way that you can in English. You have to add another word (called an 'emphatic pronoun') before the pronoun that you want to stress. Thus you would say:

moi, je	*I*	**nous, nous**	*we*
toi, tu	*you*	**vous, vous**	*you*
lui, il	*he*	**eux, ils**	*they*
elle, elle	*she*	**elles, elles**	*they*
nous, on	*we*		

Moi, je n'aime pas ça!
I don't like that!
Elle, elle peut venir, mais je ne veux pas que **lui, il** viennne.
She can come, but I don't want him to come.

Note: This is also the form of the pronoun that is used after a preposition:

Je vais dormir **chez eux** ce soir.	I'm going to sleep at their house tonight.
Il l'a fait **pour toi**.	He made it for you.
Je pars en vacances **avec lui**.	I'm going on holiday with him.

e   More about y

In Unit 4 you learned that **y** replaces **à** + a noun or noun phrase, e.g.:
Tu joues souvent à la pétanque? Oui, j'y joue tous les jours.

There is one exception to this rule: **y** can never replace **à** + a noun referring to a *person*. In such cases, the indirect object pronouns (see Section 2c) **me, te, nous, vous, lui, leur** must be used instead:
Tu as parlé à ta mère ce matin? Oui, je lui ai parlé avant le petit déjeuner.
Did you talk to your mother this morning? Yes, I talked to her before breakfast.
Qu'est-ce que vous allez offrir à vos enfants pour Noël? On va leur offrir un voyage à Disneyland.
What are you going to give your children for Christmas? We're going to give (to) them a trip to Disneyland.

f   More about en

In Unit 5 you learned that **en** replaces **de** + a noun or a noun phrase, e.g.:
La bière, c'est aussi de l'alcool, et vous en buvez...
As in the case of **y**, there is one exception to this rule: **en** can never replace **de** + a noun referring to a person. In such cases, **de/d'** plus the emphatic pronouns (see Section 2d) **moi, toi, nous, vous, lui, elle, eux, elles** must be used instead:

Il se souvient de son premier instituteur.	→	**Il se souvient de lui.**
He remembers his first primary school teacher.	→	He remembers him.
Je vais m'occuper de ma petite fille	→	**Je vais m'occuper d'elle**
la semaine prochaine.		**la semaine prochaine.**
I'm going to look after my grand-daughter	→	I'm going to look after her
next week.		next week.

g   Position of pronouns

Object pronouns come immediately before the verb in both positive and negative sentences:

Il me voit.	He sees me.
Il ne me voit pas.	He doesn't see me.
Elle le comprend.	She understands him/it.
Elle ne le comprend pas.	She doesn't understand him/it.
Ils nous aiment.	They love us.
Ils ne nous aiment pas.	They don't love us.

In sentences with more than one verb, the object pronoun comes immediately before the verb that specifically refers to it, e.g.:

Je vais <u>la visiter</u>.	I'm going <u>to visit it</u>.
Vous semblez <u>les aimer</u>.	You seem <u>to like them</u>.

But with a verb in the perfect tense, the object pronoun comes before **avoir** or **être**:

Nous <u>l</u>'avons visité.	We visited it.
Je <u>vous</u> ai vu hier.	I saw you yesterday.

In the negative the word order is as follows:

Nous ne l'avons pas visité.	We didn't visit it.
Je ne l'ai pas vu(e) hier.	I didn't see it/him (her) yesterday.

In sentences with more than one pronoun such as 'He asks <u>me for it</u>' or 'He explained <u>it to us</u>', the order in which the pronouns appear follows a set pattern:

1	2	3	4	5	6
me					
te	le	lui			
se	la	leur	y	en	**VERB**
nous	les				
vous					

For example:

Le directeur <u>me le</u> demande.	The boss asks me for it.
Mon père <u>le leur</u> a dit.	My father said it to them.
Le guide <u>nous l</u>'a expliqué.	The guide explained it to us.
Elle <u>nous en</u> a donné beaucoup.	She gave us lots of it.

3   ADJECTIVES

a   Adjectival agreement

In French, an adjective 'agrees' with the noun or pronoun it describes. For regular adjectives, the following endings are added to the basic masculine form:

-e for feminine singular adjectives
-es for feminine plural adjectives
-s for masculine plural adjectives.

Georges est grand.	Georges is tall.
Lucille est grand<u>e</u>.	Lucille is tall.
Lucille et sa sœur sont grand<u>es</u>.	Lucille and her sister are tall.
Georges et son frère sont grand<u>s</u>.	Georges and his brother are tall.

Some variations to this rule:

■ Adjectives whose masculine form ends in an **-e** do not add another **-e** in the feminine form:
   Il est jeune. / Elle est jeune.   He is young. / She is young.

Note, however, that the normal rule applies to adjectives whose masculine form ends in **-é**:

Il est très cultivé.   He is very cultured.
Elle est très cultivée.   She is very cultured.

■ Adjectives whose masculine form ends in **-er** form their feminine with the ending **-ère**:

Il est premier.   He is first.
Elle est première.   She is first.

■ Most adjectives whose masculine form ends in **-x** form their feminine with the ending **-se**:

Ce repas est délicieux.   This meal is delicious.
Cette glace est délicieuse.   This ice cream is delicious.

Common exceptions are:
vieux/vieille
doux/douce
roux/rousse
faux/fausse

■ Adjectives whose masculine form ends in **-eau** form their feminine with the ending **-elle**:

J'ai vu le nouveau film.   I saw the new film.
J'a vu la nouvelle pièce.   I saw the new play.

■ Adjectives whose masculine form ends in **-as**, **-os**, **-el**, **-il**, **-on**, **ien**, and most with **-et**, form their feminine by doubling the last consonant and adding **-e**:

Il est gros.   He is fat.
Elle est grosse.   She is fat.
C'est un ancien ami.   He's an old friend.
C'est une ancienne amie.   She's an old friend.

Other examples of adjectives which follow this pattern include:

gras/grasse   greasy, plump
gentil/gentille   kind, nice
bon/bonne   good
annuel/annuelle   yearly, annual
officiel/officielle   official
net/nette   clear

■ Adjectives whose masculine form ends in **-if** form their feminine with the ending **-ive**:

Il est vif.   He is lively.
Elle est vive.   She is lively.

■ Adjectives whose masculine form ends in **-c** form their feminine with the ending **-che**:

Son chemisier est blanc.   Her blouse is white.
Sa jupe est blanche.   Her skirt is white.

■ The following adjectives have a special form if they come before a noun beginning with a vowel or silent **h**:

beau – bel
C'est un beau rêve.   It's a beautiful dream.
C'est un bel enfant.   He's a beautiful child.

nouveau – nouvel

J'ai un nouveau collègue.	I have a new colleague.
Il a un nouvel ami.	He has a new friend.

vieux – vieil

Cet homme est très vieux.	This man is very old.
C'est un vieil homme.	He's an old man.

Some exceptions to the rule of adding an **-s** to make a masculine adjective plural:

- Adjectives ending in **-s** or **-x**, which do not change:

Il est las de la vie.	He is tired of life.
Ils sont las de la vie.	They are tired of life.
Il est malheureux.	He is unhappy.
Ils sont malheureux.	They are unhappy.

- Some adjectives ending in **-al** which form their plural with **-aux**:

familial – familiaux	family
social – sociaux	social
normal – normaux	normal

- Adjectives ending in **-eau** form their plural with **-eaux**:

beau – beaux	beautiful
nouveau – nouveaux	new

b   Position of adjectives

Most adjectives come *after* the noun in French, e.g. **du vin blanc** (white wine), **un journal national** (a national newspaper), but some of the most common ones precede it, e.g. **un petit sac** (a small bag), **une grosse boîte** (a large box), **un bon vin** (a good wine), **une grande bouteille** (a big bottle).

c   Comparatives

The comparative form of the adjective is used to compare two things. Comparatives are formed in French by using:

- **plus** + adjective + **que**:

  La nouvelle maison est <u>plus grande que</u> l'ancienne maison.

  The new house is <u>bigger than</u> the old house

- **moins** + adjective + **que**:

  Stéphane est <u>moins bavard que</u> Pierre.

  Stéphane is <u>less talkative than</u> Pierre.

- **aussi** + adjective + **que**:

  A mon avis, la Méditérranée est <u>aussi polluée que</u> l'Atlantique.

  In my opinion, the Mediterranean is <u>as polluted as</u> the Atlantic.

Grammar summary

Here are two common irregular comparatives that you should learn:

meilleur(e)   better
pire   worse

Le vin français est <u>meilleur</u> que le vin anglais.	French wine is better than English wine.
Le temps cette année est encore <u>pire</u> que l'année dernière!	The weather this year is even worse than last year!

Don't forget that, like adjectives, comparative adjectives must agree with the noun that they describe.

d Superlatives

The superlative form of the adjective is used when you want to say that something is the best, biggest, most beautiful (or the worst, smallest, most hideous), etc. Superlatives are formed in French by using:

le
la } + **plus** + adjective
les

la chose <u>la plus</u> intéressante	the most interesting thing
les enfants <u>les plus</u> bruyants	the noisiest children

As with the comparatives, note these irregular forms:

le meilleur / la meilleure / les meilleur(e)s	the best
le pire / la pire / les pires	the worst

e Tel, telle, tels, telles

Tel/telle/tels/telles is an adjective meaning 'such'. Notice that the position of the article in the sentence is different from that in English:

Je ne m'attendais pas à <u>un tel</u> succès.	I didn't expect <u>such a</u> success.
<u>Une telle</u> personne pourrait nous aider.	<u>Such a</u> person could help us.
Il m'a raconté <u>de telles</u> histoires!	He told me <u>such</u> stories!

Tel/telle/tels/telles cannot be used to qualify another adjective. In such circumstances, **si** is used to translate 'such' instead:

Je n'avais jamais vu un film <u>si drôle</u>!	I had never seen such a funny film!
C'est très cher pour une <u>si petite</u> voiture!	It's very expensive for such a small car!

Tel que / telle que / tels que / telles que is used in the same way as we use 'such as' in English. The only difference is that, in writing, you have to remember to make it agree with the noun it refers to, as you do with any other adjective:

... les cafés-théâtres, <u>tels</u> que le Café de la Gare.	...Café-théâtres, such as the Café de la Gare.
... mes bonnes amies, <u>telles</u> que Marika.	... my good friends, such as Marika.

4 THE USE OF DE

Du, **de la**, **de l'**, **des**, **un** and **une** all change to **de** (or **d'**) in the following circumstances:

■ when they come after a negative:
As-tu trouvé de la documentation sur Caen?
Have you found any/some literature about Caen?
Non, je n'ai pas trouvé de documentation sur Caen.
No, I haven't found any literature about Caen.
Avez-vous une maison à la campagne?
Do you have a house in the country?
Non, nous n'avons pas de maison à la campagne.
No, we don't have a house in the country.

Note: This rule does not apply when **du**, **de la**, **de l'** and **des** mean 'of the' rather than 'some'/'any'. For example:

Est-ce que vous avez parlé du problème?	Have you spoken of the problem?
Non, je n'ai pas parlé du problème.	No, I haven't spoken of the problem.

■ when they come after an expression of quantity such as **beaucoup de**, **trop de**, **assez de**, etc. For example:

Elle boit trop d'alcool.	She drinks too much alcohol.
J'ai regardé beaucoup de films cette semaine.	I watched a lot of films this week.

■ where an adjective comes before a plural noun:

On a vu de jolies maisons là-bas.	We saw (some) pretty houses there.
Il y a toujours de bons spectacles au Café de la Gare.	There are always good shows at the Café de la Gare.

5 VERBS

a Present tense

Formation

For regular verbs, the following endings are added to the stem of the infinitive (i.e. the infinitive minus the **-er**, **-ir** or **-re**):

-er verbs	*-ir* verbs	*-re* verbs
je regarde	je finis	je vends
tu regardes	tu finis	tu vends
il/elle/on regarde	il/elle/on finit	il/elle/on vend
nous regardons	nous finissons	nous vendons
vous regardez	vous finissez	vous vendez
ils/elles regardent	ils/elles finissent	ils/elles vendent

Usage

The present tense is used to describe:

- an action that is happening at the moment of speaking or writing:

  je <u>mange</u>   I eat / I am eating

- an action that happens regularly or habitually:

  Je <u>vais</u> en Écosse tous les ans.   I go to Scotland every year.

- an action in the immediate future:

  J'y <u>vais</u> cet après-midi.   I am going there this afternoon.

Note that the continuous present in English (e.g. 'I am walking') is translated by the present tense in French in the same way as the English 'I walk': **je marche**.

b   Perfect tense

Formation

The perfect tense is made up of two verbs. It is formed from the present tense of the verb **avoir** or **être** + the past participle. Most verbs form the perfect tense with **avoir**. For a list of those which take **être**, see the **Grammaire** in Unit 2, p. 33.

The past participle of regular verbs is formed by taking the stem of the infinitive and adding the following endings:

-er verbs	*-ir* verbs	*-re* verbs
-é	**-i**	**-u**
j'ai regardé	**j'ai fini**	**j'ai vendu**

Usage

The perfect tense is used to describe completed actions or events in the past:

J'<u>ai</u> <u>lu</u> le livre.   I read the book / I have read the book.

c   Imperfect tense

Formation

The imperfect tense of regular verbs is formed by taking the stem of the **nous** form of the present tense (i.e. the **nous** form of the verb minus the **-ons**) and adding the following endings:

je demand<u>ais</u>	nous demand<u>ions</u>
tu demand<u>ais</u>	vous demand<u>iez</u>
il/elle/on demand<u>ait</u>	ils/elles demand<u>aient</u>

Usage

The imperfect tense is used to:

- describe a continuous action in the past that was going on when something else happened:

Il <u>lisait</u> le journal quand elle est arrivée.   He was reading the newspaper when she arrived.

- describe a regular or habitual action in the past:

Ils <u>mangeaient</u> chez nous tous les dimanches.   They used to eat at our house every Sunday.

- set the scene in the past:

Il <u>faisait</u> beau et les oiseaux <u>chantaient</u>.   It was fine and the birds were singing.

- describe a continuous state in the past:

Le garage <u>était</u> à côté de la maison.   The garage was next to the house.

d Pluperfect tense

Formation

The pluperfect tense is very similar to the perfect tense. It is made up of two verbs – the imperfect tense of the verb **avoir** or **être** + the past participle. The past participle is exactly the same as that used for the perfect tense.

Usage

The pluperfect tense is used to describe what had happened / what had been happening in the past:

Il ne m'a jamais dit pourquoi il <u>avait</u> <u>acheté</u> cette maison-là.

He never told me why he had bought that house.

e Future tense

Formation

The future tense of regular verbs is formed by using the whole infinitive as a stem and adding the following endings:

je manger<u>ai</u>	nous manger<u>ons</u>
tu manger<u>as</u>	vous manger<u>ez</u>
il/elle/on manger<u>a</u>	ils/elles manger<u>ont</u>

Note that verbs ending in **-re** drop the final **-e** from the infinitive stem (**vendre** → **je vendrai**).

For a list of some of the common irregular stems see the **Grammaire** in Unit 10, p. 177.

Usage

The future tense is used to describe something that is going to happen / will happen / will be happening in the future:

Je <u>viendrai</u> vous chercher à dix heures.

I will come and fetch you at ten o'clock.

f Conditional tense

Formation

The conditional tense of regular verbs is formed by taking the future stem (usually the whole of the infinitive) and adding the same endings as for the imperfect:

j'habiter<u>ais</u>	nous habiter<u>ions</u>
tu habiter<u>ais</u>	vous habiter<u>iez</u>
il/elle/on habiter<u>ait</u>	ils/elles habiter<u>aient</u>

Usage

The conditional is used:

■ to describe what would happen / be done if something else were to happen:
J'<u>achèterais</u> la maison s'il y avait un grand jardin.
I would buy the house if there were a large garden.

■ in reported speech or indirect questions to replace the future:
Il m'a dit qu'il me <u>conduirait</u> à la gare. ('Je te conduirai à la gare.')
He said to me that he would drive me to the station. ('I will drive you to the station.')

g Present subjunctive

Formation

The present subjunctive form of the **je** part of the verb is listed in the verb tables in Section 6.
The present subjunctive of regular verbs is formed by taking the stem of the **ils/elles** form of the
present tense verb (i.e. the **ils/elles** form of the verb minus the **-ent**) and adding endings as
follows:

il faut que je lis**e**	I must read
il faut que tu lis**es**	you must read
il faut qu'il/elle/on lis**e**	he/she/we must read
il faut que nous lis**ions**	we must read
il faut que vous lis**iez**	you must read
il faut qu'ils/elles lis**ent**	they must read

For a list of the most common irregular stems see the **Grammaire** in Unit 7, pp. 122–3.

Usage

See the **Grammaire** in Unit 7.

h Perfect subjunctive

Formation

In spoken French the subjunctive is used in only the present and perfect tenses. The formation of
the perfect subjunctive is very simple. It is exactly the same as the perfect tense, except that the
verb **avoir** or **être** is in the subjunctive form:

Je suis triste qu'il <u>ait décidé</u> de partir si tôt.	I am sad that he (has) decided to leave so early.
Je regrette qu'il <u>soit entré</u> sans autorisation.	I am sorry that he entered without permission.

Usage

The perfect subjunctive is used to describe completed actions in the past where a subjunctive is
required:

Bien qu'il <u>soit parti</u>, on pense souvent à lui.

Although he is gone, we often think of him.

i Past historic tense

Formation

You are unlikely to need to use the past historic yourself, but it is worth knowing how it is formed
so that you can recognise it.

For **-er** verbs, take the **-er** off the infinitive and add the following endings:

je regard**ai**	nous regard**âmes**
tu regard**as**	vous regard**âtes**
il/elle/on regard**a**	ils/elles regard**èrent**

For **-ir** and **-re** verbs, take the **-ir/-re** off the infinitive and add the following endings:

je fin**is**	nous fin**îmes**
tu fin**is**	vous fin**îtes**
il/elle/on fin**it**	ils/elles fin**irent**

je vend<u>is</u>	nous vend<u>îmes</u>
tu vend<u>is</u>	vous vend<u>îtes</u>
il/elle/on vend<u>it</u>	ils/elles vend<u>irent</u>

Usage

The past historic is the tense used in French for narration in novels and children's stories and also sometimes in journalism (mainly for very biographical articles and for articles on sport):

Ce jour-là, comme d'habitude, elle <u>alla</u> se promener avec son chien. Sur le chemin du retour, elle <u>vit</u> son voisin.

That day, as usual, she went out for a walk with her dog. On the way back she saw her neighbour.

j   Imperative

Formation

The imperative can be used in the **tu**, the **nous** and the **vous** form. These forms are listed in the verb tables in the above order. Forming the imperative is very simple. The two forms **nous** and **vous** are identical to the verb forms in the present tense:

Nous <u>regardons</u> le film.	We watch the film.
<u>Regardons</u> le film.	Let's watch the film.
Vous <u>finissez</u> la soupe d'abord.	You finish the soup first.
<u>Finissez</u> la soupe d'abord!	Finish the soup first!

When using the **tu** form, there is a small difference between the imperative and the present tense form for verbs ending in **-er**. The final **-s** is omitted:

| Tu cherches les brochures. | You fetch the brochures. |
| Cherch<u>e</u> les brochures! | Fetch the brochures! |

Here are four common verbs which have irregular forms in the imperative:

être	sois, soyons, soyez
avoir	aie, ayons, ayez
savoir	sache, sachons, sachez
vouloir	veuille, veuillons, veuillez

Usage

The imperative is used to tell someone to do (or not to do) something:

| Partez immédiatement! | Go immediately! |

Negative imperative

In negative imperatives the verb comes after the **ne** and before the second part of the negative (**pas, jamais, plus**, etc.):

| Ne bougez pas! | Don't move! |
| Ne fais plus ça! | Don't do that again! |

Imperative of reflexive verbs

In the imperative of reflexive verbs, the reflexive pronoun comes after the verb, linked to it by a hyphen. Notice that the reflexive pronoun for the **tu** part of the verb is **toi**, and not **te**:

Lavez-vous dans la salle de bains en haut!	Get washed in the bathroom upstairs!
Amuse-toi bien!	Enjoy yourself!
Méfions-nous de ce qu'il fait!	Let's be wary of what he does.

k Passive

Formation

The passive is formed from part of the verb **être** (in the appropriate tense) followed by the past participle. See the **Grammaire** in Unit 4.

Usage

The passive is used when the subject of the verb is on the receiving end of the action rather than actually doing it:

Leur maison <u>a été construite</u> près de la plage.   Their house <u>was built</u> near the beach.

See Unit 4 for more examples.

l   Agreement of past participles

The **Grammaire** in the body of the book has dealt with agreement of the past participle (i.e. the adding of endings which show feminine or plural) in the following circumstances:

- when a verb takes **être** in the perfect tense (Unit 2):
  Marie est parti<u>e</u> à 6 heures.   Marie left at 6 o'clock.

- when a reflexive verb is in the perfect tense (because reflexives take **être** in the perfect) (Unit 6):
  Les enfants se sont couché<u>s</u>.   The children went to bed.

  Note for grammar enthusiasts: When the reflexive pronoun is itself the indirect object, there is no agreement:
  Elles se sont parlé.   They spoke to each other.

  The most common cases of this, and the easiest to remember, are those which involve parts of the body:
  Elle s'est lavé les mains.   She washed her hands.
  Elles s'est cassé la jambe.   She broke her leg.

- in passive sentences (Unit 4):
  Elles ont été taquin<u>ées</u>.   They were teased.

Here are some other circumstances in which past participles agree:

- when they act like adjectives:
  la porte ferm<u>ée</u>   the closed door
  les cuisines aménag<u>ées</u>   equipped kitchens

- when the direct object pronoun comes before the past participle:
  Est-ce que tu as vu ta mère? Oui, je <u>l</u>'ai vu<u>e</u> il y a deux minutes.
  Have you seen your mother? Yes, I saw her two minutes ago.
  Pourquoi as-tu acheté des fleurs? Je <u>les</u> ai achet<u>ées</u> pour les offrir à grand-mère.
  Why have you bought flowers? I bought them to give (them) to grandma.

- when the direct object is followed by the relative pronoun **que**:
  C'est <u>la montre</u> que je t'ai prêt<u>ée</u> l'année dernière!
  That's the watch that I lent you last year!
  J'adore <u>les fleurs</u> que tu m'as offert<u>es</u>!
  I love the flowers that you gave me!

6   VERB TABLES

a   Avoir and être

Present		Perfect	Imperfect	Future	Conditional

AVOIR (to have)

j'ai	nous avons	j'ai eu	j'avais	j'aurai	j'aurais
tu as	vous avez	etc.	etc.	etc.	etc.
il/elle/on a	ils/elles ont				

Imperative: **aie, ayons, ayez**

Subjunctive: **que j'aie, que tu aies, qu'il/elle/on ait, que nous ayons, que vous ayez, qu'ils/elles aient**

ETRE (to be)

je suis	nous sommes	j'ai été	j'étais	je serai	je serais
tu es	vous êtes	etc.	etc.	etc.	etc.
il est	ils sont				

Imperative: **sois, soyons, soyez**

Subjunctive: **que je sois, que tu sois, qu'il/elle/on soit, que nous soyons, que vous soyez, qu'ils/elles soient**

b   Irregular verbs ending in -er

ALLER (to go)

je vais	nous allons	je suis allé(e)	j'allais	j'irai	j'irais
tu vas	vous allez	etc.	etc.	etc.	etc.
il va	ils vont				

Imperative: **va, allons, allez**

Subjunctive: **que j'aille, que tu ailles, qu'il/elle/on aille, que nous allions, que vous alliez, qu'ils aillent**

APPELER (to call): Model for others, including **jeter** (to throw), where the consonant before the **-er** of the infinitive doubles before a 'mute' **-e**.

j'appelle	nous appelons	j'ai appelé	j'appelais	j'appellerai	j'appellerais
tu appelles	vous appelez	etc.	etc.	etc.	etc.
il appelle	ils appellent				

Imperative: **appelle, appelons, appelez**

Subjunctive: **que j'appelle**, etc.

ESPÉRER (to hope): Model for others ending in **-érer**, including **accélérer**, **préférer** and **récupérer**. The acute accent before the **-rer** of the infinitive changes to a grave before the 'mute' **-e** of the present and present subjunctive.

j'espère	nous espérons	j'ai espéré	j'espérais	j'espérerai	j'espérerais
tu espères	vous espérez	etc.	etc.	etc.	etc.
il espère	ils espèrent				

Imperative: **espère, espérons, espérez**   Subjunctive: **que j'espère**, etc.

MANGER (to eat): Model for other verbs in **-ger**, including **nager** (to swim). Note the **-e-** in mangeons.

je mange	nous mangeons	j'ai mangé	je mangeais	je mangerai	je mangerais
tu manges	vous mangez	etc.	etc.	etc.	etc.
il mange	ils mangent				

Imperative: **mange, mangeons, mangez**   Subjunctive: **que je mange**, etc.

PAYER (to pay): Model for **essayer** (to try).

je paie/paye	nous payons	j'ai payé	je payais	je payerai	je payerais
tu paies/payes	vous payez	etc.	etc.	etc.	etc.
il paie/paye	ils paient/ payent				

Imperative: **paye, payons, payez**   Subjunctive: **que je paie/paye**, etc.

c   Irregular verbs ending in -ir

COURIR (to run): Model for **accourir** (to run up), **recourir à** (to resort to).

je cours	nous courons	j'ai couru	je courais	je courrai	je courrais
tu cours	vous courez	etc.	etc.	etc.	etc.
il court	ils courent				

Imperative: **cours, courons, courez**   Subjunctive: **que je coure**, etc.

CUEILLIR (to pick): Model for **accueillir** (to welcome), **recueillir** to gather.

je cueille	nous cueillons	j'ai cueilli	je cueillais	je cueillerai	je cueillerais
tu cueilles	vous cueillez	etc.	etc.	etc.	etc.
il cueille	ils cueillent				

Imperative: **cueille, cueillons, cueillez**   Subjunctive: **que je cueille**, etc.

MOURIR (to die)

je meurs	nous mourons	je suis mort(e)	je mourais	je mourrai	je mourrais
tu meurs	vous mourez	etc.	etc.	etc.	etc.
il meurt	ils meurent				

Imperative: **meurs, mourons, mourez**   Subjunctive: **que je meure**, etc.

OUVRIR (to open): Model for **couvrir** (to cover), **découvrir** (to discover), **offrir** (to give), **souffrir** (to suffer).

j'ouvre	nous ouvrons	j'ai ouvert	j'ouvrais	j'ouvrirai	j'ouvrirais
tu ouvres	vous ouvrez	etc.	etc.	etc.	etc.
il ouvre	ils ouvrent				

Imperative: **ouvre, ouvrons, ouvrez**   Subjunctive: **que j'ouvre**, etc.

PARTIR (to leave): Model for **repartir** (to leave again), **sortir** (to go out); also **dormir** (to sleep), **sentir** (to feel, to smell), **servir** (to serve). Note that the perfect is formed with **être** with (**re**)**partir** and **sortir** and with **avoir** for all the rest.

je pars	nous partons	je suis parti(e)	je partais	je partirai	je partirais
tu pars	vous partez	etc.	etc.	etc.	etc.
il part	ils partent				

Imperative: **pars, partons, partez**   Subjunctive: **que je parte**, etc.

| *Present* | | | *Perfect* | *Imperfect* | *Future* | *Conditional* |

VENIR (to come): Model for **revenir** (to come back), **tenir** (to hold), **retenir** (to retain), **maintenir** (to maintain); also **convenir** (to agree). Note that the perfect is formed with **être** with (**re**)**venir** and with **avoir** for all the rest.

je viens	nous venons	je suis venu(e)	je venais	je viendrai	je viendrais
tu viens	vous venez	etc.	etc.	etc.	etc.
il vient	ils viennent				

Imperative: **viens, venons, venez**   Subjunctive: **que je vienne**, etc.

d   Irregular verbs ending in -oir

DEVOIR (to have an obligation, must, should, ought)

je dois	nous devons	j'ai dû	je devais	je devrai	je devrais
tu dois	vous devez	etc.	etc.	etc.	etc.
il doit	ils doivent				

Imperative: none   Subjunctive: **que je doive**, etc.

FALLOIR (to be necessary)

il faut		il a fallu	il fallait	il faudra	il faudrait

Imperative: none   Subjunctive: **qu'il faille**

PLEUVOIR (to rain)

il pleut		il a plu	il pleuvait	il pleuvra	il pleuvrait

Imperative: none   Subjunctive: **qu'il pleuve**

POUVOIR (to be able)

je peux	nous pouvons	j'ai pu	je pouvais	je pourrai	je pourrais
tu peux	vous pouvez	etc.	etc.	etc.	etc.
il peut	ils peuvent				

Imperative: none   Subjunctive: **que je puisse**, etc.

SAVOIR (to know)

je sais	nous savons	j'ai su	je savais	je saurai	je saurais
tu sais	vous savez	etc.	etc.	etc.	etc.
il sait	ils savent				

Imperative: **sache, sachons, sachez**
Subjunctive: **que je sache, que tu saches, qu'il/elle/on sache, que nous sachions, que vous sachiez, qu'ils/elles sachent**

VOIR (to see), **prévoir** (to foresee, to plan), **revoir** (to see again)

je vois	nous voyons	j'ai vu	je voyais	je verrai	je verrais
tu vois	vous voyez	etc.	etc.	etc.	etc.
il voit	ils voient				

Imperative: **vois, voyons, voyez**
Subjunctive: **que je voie, que tu voies, qu'il/elle/on voie, que nous voyions, que vous voyiez, qu'ils/elles voient**

VOULOIR (to want)

je veux	nous voulons	j'ai voulu	je voulais	je voudrai	je voudrais
tu veux	vous voulez	etc.	etc.	etc.	etc.
il veut	ils veulent				

Imperative: **veuille, veuillons, veuillez**

Subjunctive: **que je veuille, que tu veuilles, qu'il/elle/on veuille, que nous voulions, que vous vouliez, qu'ils/elles veuillent**

e Irregular verbs ending In -re

BOIRE (to drink)

je bois	nous buvons	j'ai bu	je buvais	je boirai	je boirais
tu bois	vous buvez	etc.	etc.	etc.	etc.
il boit	ils boivent				

Imperative: **bois, buvons, buvez**   Subjunctive: **que je boive**, etc.

CONNAITRE (to know, to be acquainted with): Model for **reconnaître** (to recognise).

je connais	nous connaissons	j'ai connu	je connaissais	je connaîtrai	je connaîtrais
tu connais	vous connaissez	etc.	etc.	etc.	etc.
il connaît	ils connaissent				

Imperative: **connais, connaissons, connaissez** Subjunctive: **que je connaisse**, etc.

DIRE (to say, to tell): Model for **redire** (to say again). Note **vous dites**.

je dis	nous disons	j'ai dit	je disais	je dirai	je dirais
tu dis	vous dites	etc.	etc.	etc.	etc.
il dit	ils disent				

Imperative: **dis, disons, dites**   Subjunctive: **que je dise**, etc.

ÉCRIRE (to write): Model for **réécrire** (to rewrite).

j'écris	nous écrivons	j'ai écrit	j'écrivais	j'écrirai	j'écrirais
tu écris	vous écrivez	etc.	etc.	etc.	etc.
il écrit	ils écrivent				

Imperative: **écris, écrivons, écrivez**   Subjunctive: **que j'écrive**, etc.

FAIRE (to do, to make): Model for **défaire** (to undo), **refaire** (to redo).

je fais	nous faisons	j'ai fait	je faisais	je ferai	je ferais
tu fais	vous faites	etc.	etc.	etc.	etc.
il fait	ils font				

Imperative: **fais, faisons, faites**   Subjunctive: **que je fasse**, etc.

LIRE (to read): Model for **relire** (to reread).

je lis	nous lisons	j'ai lu	je lisais	je lirai	je lirais
tu lis	vous lisez	etc.	etc.	etc.	etc.
il lit	ils lisent				

Imperative: **lis, lisons, lisez**   Subjunctive: **que je lise**, etc.

Present		Perfect	Imperfect	Future	Conditional

PRENDRE (to take): Model for **apprendre** (to learn), **comprendre** (to understand).

je prends	nous prenons	j'ai pris	je prenais	je prendrai	je prendrais
tu prends	vous prenez	etc.	etc.	etc.	etc.
il prend	ils prennent				

Imperative: **prends, prenons, prenez**   Subjunctive: **que je prenne**, etc.

SUIVRE (to follow)

je suis	nous suivons	j'ai suivi	je suivais	je suivrai	je suivrais
tu suis	vous suivez	etc.	etc.	etc.	etc.
il suit	ils suivent				

Imperative: **suis, suivons, suivez**   Subjunctive: **que je suive**, etc.

VIVRE (to live): Model for **survivre** (to survive), **revivre** (to live again).

je vis	nous vivons	j'ai vécu	je vivais	je vivrai	je vivrais
tu vis	vous vivez	etc.	etc.	etc.	etc.
il vit	ils vivent				

Imperative: **vis, vivons, vivez**   Subjunctive: **que je vive**, etc.

f   Reflexive verbs

SE LEVER (to get up): All reflexive verbs form their perfect tense with the verb **être**.

Note that the pronoun in the infinitive is not always **se**:

je dois <u>me</u> lever

tu dois <u>te</u> lever

nous devons <u>nous</u> lever

vous devez <u>vous</u> lever

In **lever** and **se lever**, a grave accent appears before 'mute' -e.

Present		Perfect	
je me lève	nous nous levons	je me suis levé(e)	nous nous sommes levé(e)s
tu te lèves	vous vous levez	tu t'es levé(e)	vous vous êtes levé(e)(s)
il se lève	ils se lèvent	il s'est levé	ils se sont levés
elle se lève	elles se lèvent	elle s'est levée	elles se sont levées

Imperfect		Future	
je me levais	nous nous levions	je me lèverai	nous nous lèverons
tu te levais	vous vous leviez	tu te lèveras	vous vous lèverez
il se levait	ils se levaient	il se lèvera	ils se lèveront
elle se levait	elles se levaient	elle se lèvera	elles se lèveront

Conditional		Imperative
je me lèverais	nous nous lèverions	lève-toi!
tu te lèverais	vous vous lèveriez	levons-nous
il se lèverait	ils se lèveraient	levez-vous!
elle se lèverait	elles se lèveraient	

If the reflexive verb begins with a vowel or silent **h**, **me**, **te** and **se** become **m'**, **t'**, and **s'** respectively.

7 QUESTION FORMATION

There are several ways of asking questions in French. They can be divided into two groups: those with no question word/phrase (such as **quand**, **où**, **comment**, **pourquoi**, **à quelle heure**, etc.) and those with a question word/phrase.

a Questions with no question word/phrase

■ The most common way of asking a question in relaxed spoken French is to use the same word order as that of a statement, but with a questioning intonation:

Il veut venir avec nous?	Does he want to come with us?
Elles partent tôt?	Are they leaving early?

■ The same questions can be asked with the questioning **Est-ce que** at the beginning:

Est-ce qu'il veut venir avec nous?	Does he want to come with us?
Est-ce qu'elles partent tôt?	Are they leaving early?

■ A more formal way of phrasing these same questions is to use basically the same sentence as in the first style above, but to put the verb before the subject and to link them with a hyphen if the subject is a pronoun. This style is often used in written French:

Veut-il venir avec nous?	Does he want to come with us?
Partent-elles tôt?	Are they leaving early?

If the subject is a noun, and not a pronoun, then things become a little more complicated with this type of question. The pronoun that corresponds to the noun (**Pierre → il, les filles → elles**) is placed after the noun, and linked to it with a hyphen:

Pierre veut-il venir avec nous?	Does Pierre want to come with us?
Les filles partent-elles tôt?	Are the girls leaving early?

Note that if the verb ends in a vowel, a **-t-** is placed between the verb and the pronoun **il** or **elle**. This avoids two vowels together and makes it easier to say:

Pierre viendra-t-il?	Will Pierre come?
Viendra-t-il?	Will he come?
Sandra aime-t-elle partir tôt?	Does Sandra like leaving early?
Aime-t-elle partir tôt?	Does she like leaving early?

b Questions with a question word/phrase

The same word order is used as in a statement, but the question word is placed at the beginning of the sentence, and followed by **est-ce que**:

Quand est-ce qu'il vient?	When is he coming?
A quelle heure est-ce que vous arriverez?	At what time will you arrive?

As in the third possibility in the previous section, the verb and subject can be swapped around to give:

Quand vient-il?	When is he coming?
A quelle heure arriverez-vous?	At what time will you arrive?

The same rule as above operates if the subject is a noun, or if the verb ends in a vowel:

Quand Pierre vient-il?	When will Pierre be coming?
A quelle heure Christine arrivera-t-elle?	At what time will Christine arrive?

VOCABULARY

Many words have more than one meaning, depending on the context in which they are used. You will have to look them up in a dictionary to find the full range of possibilities – this list of vocabulary concentrates mainly on the sense of the words as they are used in the course.

Abbreviations:
adj. = adjective
adv. = adverb
f. = feminine
m. = masculine
pl. = plural

Adjectives:
- **blanc(he)** = masculine **blanc**, feminine **blanche**
- **amoureux (amoureuse)** = masculine **amoureux**, feminine **amoureuse**

Where only one form is given (e.g. **jeune**), it is used for both the masculine and the feminine.

l'abaissement (m.)   lowering
abdominal(e)   abdominal
abîmer   to damage
d'abord   first of all
aboyer   to bark
abriter   to house, to shelter
absolument   absolutely
absorber   to absorb
l'accès (m.)   access
  avoir accès à   to have access to
accolé(e)   (built) right next to
s'accompagner de   to be accompanied by
accord (m.)   agreement
  d'accord   OK
accoutumé(e) à   used to, accustomed to
l'accroissement (m.)   increase
l'accueil (m.)   reception, welcome
accueillir   to welcome
accumuler   to accumulate
l'achat (m.)   purchase, buying
  faire des achats   to do some shopping
acheter   to buy
actif (active)   active
activement   actively
l'actualité (f.)   current affairs
les actualités (f.pl.)   news
actuel(le)   current, present

actuellement   currently, at the moment
s'adapter à   to adapt to
l'adresse (f.)   address
s'adresser à   to contact
aérien(ne)   air (adj.)
l'aérobic (m.)   aerobics
l'aéroport (m.)   airport
l'affaiblissement (m.) weakening
affecter   to affect
affreux (affreuse)   awful, dreadful
s'affronter   to clash
africain(e)   African (adj.)
l'âge (m.)   age
l'agence (f.)   agency
l'agenda (m.)   diary
l'agent (m.)   policeman
aggraver   to aggravate, to make worse
il s'agit de   it's a question of
agrandir   to enlarge, to extend
l'agression (f.)   attack
l'agriculteur (l'agricultrice)   farmer
à l'aide (m.) **de**   with the help of, with the aid of
ailleurs   elsewhere
  d'ailleurs   besides, moreover
  par ailleurs   in addition
aimable   kind
ainsi   thus

ainsi que   as well as
l'air (m.)   air, appearance
   avoir l'air   to seem
l'Algérie (f.)   Algeria
l'aliment (m.)   food
l'allemand   German (language)
l'Allemand(e)   German (person)
l'aller-retour (m.) return (ticket)
allonger   to lengthen, to extend
alors   so, then
l'amateur (m.) **de**   lover (e.g. wine lover)
l'ambassade (f.)   embassy
l'ambiance (f.)   atmosphere
ambitieux (ambitieuse)   ambitious
l'amélioration (f.)   improvement
améliorer   to improve
aménagé(e)   equipped (kitchen), converted
américain(e)   American (adj.)
l'ami(e)   friend
amical(e)   friendly
amicalement   in a friendly way, kindly
l'amour (m.)   love
ample   full
amusant(e)   fun, funny
l'an (m.)   year
l'analyse (f.)   analysis
anarchique   anarchic
ancien(ne)   antique, old, former
l'ange (m.)   angel
l'anglais (m.)   English (language)
l'année (f.)   year
l'anniversaire (m.)   birthday, anniversary
l'annonce (f.)   advertisement
   la petite annonce   small ad
annoncer   to forecast, to announce
annuel(le)   annual
anormal(e)   abnormal
anticiper   to anticipate
antiépileptique   anti-epileptic (drug)
août   August
apparaître   to appear
l'appareil (m.)   device, appliance
l'appartement (m.)   flat, apartment
appel (m.)   call
   faire appel à   to call on
s'appeler   to be called
appliquer   to apply, to implement
s'appliquer à   to apply to
apporter   to bring, to give
apprécier   to appreciate, to like
approfondi(e)   in-depth, detailed
l'après-midi (m./f.)   afternoon
l'arbitre (m.)   referee
l'arbre (m.)   tree
l'arc (m.)   arch
l'arche (f.)   arch
archéologique   archaeological
l'architecture (f.)   architecture
l'argent (m.)   money
arrêter   to stop
arriver à   to manage to
l'art (m.)   art
artistique   artistic
l'Ascension (f.)   Ascension
l'asile (m.)   refuge, sanctuary
l'aspirine (f.)   aspirin
assez   quite, enough

(être) associé(e) à   (to be) associated with
l'Assomption (f.)   (the feast of) the Assumption
l'assurance (f.)   assurance, insurance
assurer   to assure
   je t'assure   I can assure you
l'atmosphère (f.)   atmosphere
atmosphérique   atmospheric, air (adj.)
atroce   dreadful, atrocious
s'attaquer à   to attack
attenant(e)   adjacent
attendre   to wait for
attentivement   attentively
au-dessus de   above
audiovisuel(le)   broadcasting, audiovisual
auditif (auditive)   auditory, hearing
l'augmentation (f.)   increase
augmenter   to increase
aujourd'hui   today
aussi   also, as well
autant de   so much
l'auteur (m.)   author
l'auto (f.) car
l'automne (m.) autumn
l'autorisation (f.)   permission, authorisation
(être) autorisé(e) à   (to be) allowed to
autour de   around
autre   other
l'Autriche (f.)   Austria
avaler   to swallow
avancer   to move forward
avant   before
avantageux (avantageuse)   favourable, attractive
l'avenir (m.)   future
l'averse (f.)   shower
avertir   to warn
l'avion (m.)   aeroplane
l'avis (m.)   opinion
avril   April

la bactérie   bacteria
le bagage   luggage
la bague   ring
la baie   bay
se baigner   to have a swim, to have a bath
le bal   dance, ball
la balle   ball
banal(e)   commonplace, banal
le banc   bench
le bar   bar
bas(se)   low
le bâtiment   building
les beaux-arts (m.pl.)   fine arts and architechture
le bébé   baby
la Belgique   Belgium
bénéficier de   to receive, to enjoy, to benefit from
le besoin   need
   avoir besoin de   to need
bête   simple, stupid
la bête   animal
le beurre   butter
bien que   although
bien sûr   of course
le bienfait   beneficial effect
la bière   beer
le biftek   steak
le bijou   jewel
le billet   ticket

---

bizarre   weird, strange, bizarre
blanc(he)   white
boire   to drink
le bois   wood
le boisson   drink
la bombe   bomb
bon(ne)   good
le bon   coupon, voucher
bonjour   hello
le bord   edge
bouleverser   to upset, to disrupt
bousculer   to jostle, to bump into
la bouteille   bottle
la brièveté   brevity
brillamment   brilliantly
briller   to shine
bronzer   to get a suntan
le brouillard   fog
la bruine   drizzle
le bruit   noise
brûler   to burn
la brume   mist
brumeux (brumeuse)   foggy, misty
le bureau   office

le cabaret   cabaret
le cachet   style
le cadre   executive, framework
  dans le cadre de   as part of, within the framework
  of
calculer   to calculate, to work out
le camion   lorry
la campagne   countryside; campaign
cancéreux (cancéreuse)   cancerous
la cantine   cantine
la capacité   ability
le capital   capital (financial sense)
la capitale   capital (city)
le carrefour   crossroads
la carrière   career
le cas   case
  au cas où   in case
la cathédrale   cathedral
catholique   Catholic
à cause de   because of
causer   to cause
la cave   cellar
célébrer   to celebrate
la cellule   cell
la cendre   ash
cependant   yet, however
le cercle   circle
la céréale   cereal, grain
certain(e)   certain
certainement   certainly
cesser   to cease, to stop
chacun   every, each (one)
la chaîne   chain, channel
la chaleur   warmth, heat
chaleureux (chaleureuse)   warm, friendly,
  enthusiastic
la chambre (à coucher)   bedroom
la chance   luck
  avoir de la chance   to be lucky
le changement   change
changer   to change
changer d'air   to have a change

chaque   each, every
le charbon   charcoal, coal
le charme   charm
le château   castle
chaud(e)   hot
le chauffage   heating
le chef-lieu   administrative centre
le chemin   path, way
le chèque   cheque
cher (chère)   expensive
chercher   to search for, to look for, to fetch
chercher à   to try to
le chercheur   researcher
le cheval   horse
le chien   dog
le chocolat   chocolate
choisir   to choose
le choix   choice
la chose   thing
ci-joint   enclosed
le ciel   sky
le ciment   cement
le cimetière   cemetery
le cinéma   cinema
la circulation   traffic
circuler   to circulate
le cire   wax
la cité   city, town
civil(e)   non-religious, civil
civique   civic
clair(e)   clear
la classe   class
le clavier   keyboard
la clef/clé   key
climatique   climatic
clos(e)   fenced, enclosed
clôturé   enclosed
le cœur   heart
cohérent   coherent
la cohésion   cohesion
la colle   glue
la collecte   collection
la collectivité   community
la collision   collision
combien   how much, how many
la combustion   combustion, burning
commander   to order, to control
  être commandé(e) par   to be dictated by
comme   like, as
commémorer   to commemorate
commencer   to begin
comment   how
comment?   sorry?, pardon?
le commentaire   commentary
commercial(e)   commercial
commun(e)   common
la communauté   community
communiquer   to communicate
la compagnie   company
compenser   to compensate for, to offset
compétent(e)   competent
la compétition   competition
complet (complète)   complete
complètement   completely
le comportement   behaviour
le compost   compost
le compostage   composting

la compréhension understanding
comprendre to include, to understand
le comte count
compter to count, to have (inhabitants)
le comptoir counter
concerné(e) concerned
concevoir to conceive
le conducteur (la conductrice) driver
conduire to drive
la conduite driving; behaviour
connu(e) known
consacrer to devote
  (être) consacré(e) à (to be) dedicated to, (to be)
  devoted to
conscient(e) conscious
consécutif (consécutive) consecutive
le conseil council, advice
conseiller to advise
le conseiller (la conseillère) adviser
la considération consideration
  prendre en considération to take into
  consideration
le consommateur consumer
la consommation consumption
consommer to consume
constant(e) constant
constater to notice, to observe
la construction building
construire to build
contacter to contact
le container container
contemporain(e) contemporary
le conteneur container
content(e) happy
se contenter de to be satisfied with, to content
  oneself with
le contenu content
continuellement continually
contraire à contrary to
au contraire on the contrary
le contraire de opposite of
le contrat contract
contre against
contribuer to contribute
convenir à to suit
la convivialité friendliness
correspondre à to correspond to, to match
corriger to correct
la côte coast
à côté de next to
se coucher to go to bed
couper to cut
la cour courtyard
courant(e) fluent
la courette small courtyard
courir (après) to run (after)
le courrier post, mail
la course race, shopping
  faire des courses (f.pl.) to do some shopping
court(e) short
le cousin (la cousine) cousin
coûter to cost
couvert(e) overcast
couvert(e) de covered in/with
couvrir to cover
la crainte fear
la création creation, setting up

créer to create, to set up
la crème cream
la crêperie pancake restaurant
crier to cry, to shout
la crise attack, crisis
le critère criterion
croyable believable
la crypte crypt
la cuisine kitchen, cooking
cultivé(e) cultured
culturel(le) cultural
la curiosité curiosity

la dame lady
dangereux (dangereuse) dangerous
le Danois (la Danoise) Dane
dans le courant de in the course of
davantage more
le débat debate
le début beginning
débuter to start, to begin
les déchets (m.pl.) waste material, refuse
déclarer to declare
décontracter to relax
la découverte discovery
découvrir to discover
décrire to describe
(être) déçu(e) (to be) disappointed
défendre to defend
définir to define
définitif (définitive) permanent, definitive
déformer to distort, to misrepresent
en dehors de outside, apart from
déjà already
le déjeuner lunch
demain tomorrow
demeurer to remain
démographique demographic
le départ departure
dépasser to overtake, to be ahead of
dépenser to spend
déposer to deposit, to lay, to put
depuis since, from
déranger to disturb
dernier (dernière) last
derrière behind
dès from
descendre to go down
le dessinateur (la dessinatrice) draughtsman,
  designer
en dessous de beneath, under
la destination destination
destiné(e) à destined for, meant for
la destruction destruction
détaillé(e) detailed
déterminer to determine
détester to hate
détruire to destroy
devant in front of
développement development
devenir to become
les devoirs (m.pl.) homework
dévorer to devour
le diable devil
le diamètre diameter
différent(e) different
difficile difficult

digérer   to digest
la digestion   digestion
digne de   worthy of
la dilatation   dilation
diluer   to dilute
dimanche (m.)   Sunday
le dîner   dinner
se dire   to say to oneself
directement   directly
la direction   department, management
la discothèque   dicotheque
discuter   to discuss, to talk
disparaître   to disappear
disponible   available
la disposition   disposal
   mettre à la disposition de   to make available to,
   to put at the disposal of
la dispute   argument
se disputer   to argue
le disque   record
dissiper   to dispel
se dissiper   to clear, to vanish
se distinguer   to be distinguishable, to distinguish
   oneself, to differ
diurne   daytime (adj.)
le documentaire   documentary
la documentation   brochure, material, information
le domaine   area
le dôme   dome
quel dommage   what a pity/shame
donc   so, therefore
dorénavant   from now on, henceforth
doubler   to dub
la douche   shower
douleureux (douleureuse)   painful
douter   to doubt
le drame   tragedy, drama
le droit   right
dû (due) à   due to
durable   lasting
la durée   length, duration
durer   to last
dynamique   dynamic

l'eau (f.)   water
l'échange (m.)   exchange
l'échelle (f.)   scale
l'éclaircie (f.)   sunny spell
l'école (f.)   school
l'économie (f.)   economy
économique   economic, economical
l'Écosse (f.)   Scotland
l'écosystème (m.)   ecosystem
écouter   to listen
l'écran (m.)   screen
écrire   to write
l'édifice (m.)   building
éditer   to publish
l'édition   publication, publishing
effectif (effective)   real
effectuer   to carry out
l'effet (m.)   effect
en effet   indeed
efficace   efficient, effective
l'efficacité (f.)   efficiency, effectiveness
l'effort (m.)   effort
également   equally

l'égalité (f.)   equality
l'église (f.)   church
l'élaboration(f.)   drafting, putting together,
   development
l'électronicien(ne)   electronics engineer
élégant(e)   elegant
élevé(e)   high
éliminer   to eliminate
élire   to elect
l'embouteillage (m.)   traffic jam
l'émission (f.)   emission, programme
empêcher   to prevent
l'empereur (m.)   emperor
empoisonner   to poison
encore   still, again, yet, even
s'endormir   to go to sleep
l'endroit (m.)   place
l'énergie (f.)   energy
énerver   to irritate, to annoy
l'enfant (m./f.)   child
   faire un enfant   to have a child
enfin   at last
s'ennuyer   to be bored, to get bored
énormément   enormously
l'enquête (f.)   enquiry, survey, investigation
enregistrer   to note, to make a record of, to register
ensemble   together
l'ensemble (m.)   group, complex
ensuite   then, subsequently
entasser   to pile up
entendre   to hear
l'enthousiasme (m.)   enthusiasm
entier (entière)   entire, whole
entièrement   entirely
entre   between
l'entrée (f.)   entrance
l'entreprise (f.)   firm, business
envers   towards
l'envie (f.)   desire
   avoir envie de   to feel like
l'envahissement (m.)   invasion
environ   about, approximately
environnant(e)   surrounding
l'environnement (m.)   environment
aux environs de   around, in the region of
envoyer   to send
épileptique   epileptic
l'époque (f.)   time, era, period
épuisé(e)   exhausted
l'équateur (m.)   Equator
équilibrer   to balance
l'espace (m.)   space
espérer   to hope
l'esplanade (f.)   esplanade
l'esprit (m.)   mind
essentiel(le)   essential
essentiellement   essentially, principally, mainly
l'est (m.)   east
l'estomac (m.)   stomach
établir   to establish
s'établir   to settle
l'établissement (m.)   establishment
l'étage (m.)   floor, storey
les États-Unis   United States of America
l'été (m.)   summer
étendre   to stretch
l'étendue (f.)   area, expanse, stretch

éternel(le) eternal
l'étoile (f.) star
étonné(e) astonished
étranger (étrangère) foreign
l'étranger (m.) foreign countries
l'étudiant(e) student
l'euphorie (f.) euphoria
européen(ne) European (adj.)
évacuer to evacuate
s'évader (de) to get away/escape (from)
évaluer to evaluate, to assess
l'événement (m.) event
éventuellement possibly
évidemment obviously, evidently
éviter to avoid
l'évolution (f.) change, progress, evolution,
  advancement
évoquer to recall, to evoke
exact(e) correct, accurate
exactement exactly
l'exagération exaggeration
exagérer to exaggerate
exaspéré(e) par exasperated by
l'exception (f.) exception
  à l'exception de except for, with the exception of
exceptionnel(le) exceptional, rare
l'excès (m.) excess
excessif (excessive) excessive
exclu(e) excluded
exclusif (exclusive) exclusive
exclusivement exclusively
l'excursion (f.) excursion, trip
s'excuser to excuse oneself
l'exemple (m.) example
l'exigence (f.) demand
exiger to demand
l'expédition (f.) dispatching, sending
l'expérience (f.) experience, experiment
l'expiration (f.) breathing out
l'explication (f.) explanation
expliquer to explain
exploiter to use
exploser to explode
l'exposition (f.) exhibition, exposure
expressément expressly
expulser to expel
l'expulsion expulsion, excretion
l'extérieur outside, exterior
extra great, brilliant
extrêmement extremely

la fabrication making, manufacture
facile easy
facilement easily
la facilité ease
faciliter to facilitate
la façon way, manner
le facteur factor
faible weak
  le vent faible light wind
faire to do
le faisceau beam
en fait in fact
fameux (fameuse) famous
familial(e) family(-related)
la famille family
fantastique fantastic

la fatalité fate, bad luck
la fatigue tiredness, fatigue
fatigué(e) tired
la faute fault
faux (fausse) false
en faveur (f.) **de** in favour of
favoriser to promote, to encourage
la femme woman, wife
la fenêtre window
la fermeture closure, closing
festif (festive) festive
fêter to celebrate
le feu fire
figurer to figure
la fille girl, daughter
le film film
le fils son
la fin end
finalement finally
financièrement financially
la finition finishing
fixer to fix, to set
la fois time
la fonction function
  en fonction de according to
le fonctionnement working, functioning
fonctionner to function, to operate
le fond bottom
  au fond de at the bottom of
le fondateur founder
fonder to found
la fontaine fountain
les forces (f.pl.) strength
la forêt forest
la formation training
fort(e) strong, loud
fortifié(e) fortified
les frais (m.pl.) expenses, costs
franchement frankly, to be honest
francophone French-speaking
fréquenter to frequent
le frère brother
la frite chip
le fromage cheese
futur(e) future (adj.)

gagner to earn, to win
galant(e) gallant
la gamme range
la gare station
garer to park
le gaz gas
gazeux (gazeuse) gaseous
la gelée frost
gêné(e) bothered, disturbed, embarassed
en général in general
le génie genius
le genre sort, kind, type
les gens (m.pl.) people
gentil(le) kind
géographique geographical
le geste movement, gesture
global(e) global
globalement on the whole
le globe globe
gothique gothic
le goût taste

se nommer to be called
le nord north
normalement normally
notamment notably
noter to note
les nouvelles (f.pl.) news
novembre november
nuageux cloudy
nucléaire nuclear
la nuit night
numériser to digitise

l'obélisque (m.) obelisk
l'objectif (m.) objective
observer to look at
l'obstacle (m.) obstacle
à l'occasion de on the occasion of
occuper to occupy
l'œsophage (m.) oesophagus
l'œuvre (m.) work
officiel(le) official
offrir to offer, to give
l'oncle (m.) uncle
opérationnel(le) operational
s'opposer à to be opposed to
optimiste optimistic
l'or (m.) gold
l'orage (m.) storm
oralement verbally
l'orchestre (m.) orchestra
l'ordinateur (m.) computer
les ordures (f.pl.) refuse, garbage
organiser to organise
l'organisme (m.) organisation, body
oublié(e) forgotten
oublier to forget
l'ouest (m.) west
ouf! phew!
ouvert(e) open
l'ouverture (f.) opening
ouvrable working
  le jour ouvrable working day
l'oxygène (m.) oxygen

la paix peace
le palais palace
le panneau sign
le papier paper
le papillon butterfly
Pâques Easter
par per
par ailleurs in addition
paraître to appear, to seem
le paramètre parameter
le parapluie umbrella
pareil(le) similar, the same
parfaitement perfectly
parfois sometimes
le Parisien (la Parisienne) Parisian (person)
parler to speak
parmi among
la part share , portion
  d'autre part on the other hand
  d'une part on the one hand
partager to share
participer à to participate in
en particulier in particular

la partie part
  en grande partie to a large extent
passager (passagère) passing, brief
le passeport passport
passer to spend (time)
se passer to happen
passionné(e) fascinated
les pâtes (f.pl.) pasta
le patron (la patronne) boss
pauvre poor
payant(e) for which you have to pay
payé(e) paid
le pays country
le paysage landscape, scenery
la peinture painting
pendant for (a period of time), during
penser to think
la Pentecôte Pentecost
perdre to lose
périodiquement periodically
permettre to allow
le permis de conduire driving licence
le Pérou Peru
le personnage character, figure
la personne person
  la personne âgée old person
personnellement personnally
la perspective prospect, perspective
persuadé(e) que convinced that
la perturbation disruption
perturber to disrupt, to interfere with
la petite annonce small/classified ad (in newspaper)
pétrolier (pétrolière) oil, petrolium
un peu a little
à peu près about, approximately
la peur fear
peut-être perhaps
physique physical
la pièce play
  monter une pièce to put on a play
le pied foot
la pierre stone
pire worse
la pistache pistachio
la piste track
la place seat, place
placer to place, to put
la plage beach
le plaisir pleasure
le plan map
plan(e) flat, even
le plan-relief relief map
la planète planet
le plastique plastic
pleurer to cry
pleuvoir to rain
le plombier plumber
la pluie rain
la plupart de most of
la pluralité multiplicity, plurality
plus more
  de plus en plus more and more
plusieurs several
plutôt rather
le pneu tyre
poignarder to stab, to knife
le point culminant highest point

le point de départ   starting point, point of departure
le point de vue   point of view
le pôle   pole, centre
le policier   detective film/novel
politique   political
la politique   policy
polluant(e)   polluting
polluer   to pollute
la pollution   pollution
le pompier   fireman
populaire   popular
porphyre   porphyry
le port   port
portable   portable
la porte   door
être porté(e) à   to be increased to
posséder   to own
la possibilité   possibility, opportunity
poster   to post
le poulet   chicken
pourquoi   why
poursuivre   to pursue
pourtant   though, nevertheless
le pouvoir   power
la pratique   practice
pratiquement   practically, virtually
précédent(e)   previous
précis(e)   precise
préciser   to specify
la précision   detail
préférable   preferable
le premier (la première)   first
premièrement   firstly
le Premier Mai   May Day
le présentateur (la présentatrice)   presenter
presque   almost, nearly
la presse   press
(être) pressé(e)   (to be) in a rush, in a hurry
prestigieux (prestigieuse)   prestigious
prêt(e)   ready
la prétention   claim
avoir la prétention de faire   to claim to do
la preuve   proof
la prévision   forecast
prévoir   to anticipate, to predict
principal(e)   main
principalement   mainly, principally
le principe   principle
la prise de la Bastille   the storming of the Bastille
privé(e)   private
le prix   price
probablement   probably
le problème   problem
procéder à   to hold, to carry out
prochain(e)   next
prochainement   soon, shortly
le/la proche   close relative/friend
se produire   to happen, to occur, to perform
le produit   product
profiter de   to take advantage of
la profondeur   depth
la programmation   programming
le programmeur (la programmeuse)   (computer) programmer
projeter   to plan
le progrès   progress
prolongé(e)   extended, long

promettre   to promise
à propos de   about, concerning
proposer   to suggest
propre   clean (placed after noun); own (placed before noun)
le/la propriétaire   owner
provoqué(e) par   caused by
provoquer   to cause
la prudence   caution, prudence
psychique   mental
psychologique   psychological
publier   to publish
puis   then
puissant(e)   powerful

la qualité   quality
quantifier   to quantify
le quart   quarter
le questionnement   questioning
questionner   to question
quitter   to leave
quotidien(ne)   daily

raconter   to tell, to say
radar   radar (adj.)
la radiation   radiation
le rail   rail
la raison   reason
avoir raison   to be right
raisonner   to reason
ramener   to reduce
ramener... à   to reduce ... to
ranger   to tidy
rapide   quick
rappeler   to remind
le rapport   link, connection
par rapport à   compared with
rapporter de l'argent   to make money
rare   rare
rarement   rarely
rassembler   to bring together
ravissant(e)   beautiful, delightful
le rayon   radius
la réalisation   production
réaliser   to make, to carry out
récemment   recently
recevoir   to receive
le réchauffement global   global warming
réchauffer   to warm up, to heat up
la recherche   research, search
recommander   to recommend
reconstruire   to reconstruct
recruter   to recruit
recueillir   to collect
la récupération   salvage, reclamation, recuperation
le recyclage   recycling
la rediffusion   repeat, rerun, (literally) rebroadcasting
rédiger   to write, to write up
réduire   to reduce
réduit(e)   smaller, reduced
refaire   to redo
le reflet   reflection
refléter   to reflect
le réfrigérateur   fridge
refuser   to refuse
la région   region, area

le règlement   payment
la réglementation   rules, regulations
régulier (régulière)   regular
régulièrement   regularly
la réincarnation   reincarnation
la reine   queen
rejoindre   to join
réjouissant(e)   amusing
le relais   relay
relativement   relatively
religieux (religieuse)   religious
remarquable   remarkable
remarquer   to notice
le remède (contre)   remedy, cure (for)
remercier   to thank
remettre   to hand over, to present
remplir   to fill, to fill out
rencontrer   to meet
le rendez-vous   meeting, gathering, appointment
se rendre compte de   to realise
rendre service à   to help
renouvable   renewable
renouveler   to renew
répandu(e)   widespread
le repas   meal
le repos   rest
se reposer   to relax, rest
représenter   to represent
le reproche   reproach, criticism
réputé(e)   well-known, reputable, renowned
le réseau   network
réserver   to reserve
le résidu   waste, residue
résister à   to resist, to withstand
résolument   resolutely
resoudre   to resolve, to solve
la respiration   breathing
respirer   to breathe
les responsables de   people/things to blame for
ressembler à   to look like, to ressemble
ressentir   to feel
la ressource   resource
le restaurant   restaurant
la restructuration   restructuring
le résultat   result
rétablir   restore, re-establish
retenir   to retain, to keep, to book, to reserve
la réticence   reluctance, reticence
la réunion   meeting
se réunir   to meet, to get together
réussir (à)   to succeed (in)
la réutilisation   re-using, re-use
révéler   to reveal
se révéler   to reveal (oneself to be)
revenir   to come back, to cost, to work out
la révolution   revolution
revoir   to see again
le rez-de-chaussée   ground floor
le rhumatisme   rheumatism
la richesse   wealth
ridicule   ridiculous
rigoureux (rigoureuse)   rigorous
risquer de (faire)   to risk (doing)
le rival   rival
le roi   king
rond(e)   round
rouler   to go, to drive

la route   road
routier (routière)   road (adj.)
la rubrique   (newspaper) column
rude   harsh, severe, tough
la rue   street
se ruer   to rush

le sable   sand
saisir   to seize
la saison   season
le salarié (la salariée)   salaried employee
salé(e)   salty, salted
la salle   room, auditorium (cinema)
la salle à manger   dining room
la salle de séjour   living room, lounge
le salon   living room, lounge
samedi (m.)   Saturday
sanitaire   health (adj.)
la santé   health
le sarcophage   sarcophagus
le satellite   satellite
satirique   satirical
satisfait(e)   satisfied
sauf   except
la savane   savannah
savoir   to know
le scandale   scandal
la science   science
scientifique   scientific
le/la scientifique   scientist
sculpter   to sculpt, to carve
le secours   help
la sécrétion   secretion
le secteur   sector
le séjour   stay
selon   according to
la semaine   week
le sens   sense, meaning
le sentiment   feeling
séparer   to separate
la sérénité   serenity
sérieux (sérieuse)   serious, serious-minded
   prendre au sérieux   to take seriously
le sérieux   seriousness
servir   to serve
se servir de   to use
le seuil   threshold
seul(e)   only
seulement   only
le siècle   century
signer   to sign
silencieux (silencieuse)   silent
la sincerité   sincerity
sinon   otherwise, if not
la situation   situation
se situer   to be (situated)
la société   society
le/la sociologue   sociologist
la sœur   sister
la soif   thirst
   avoir soif   to be thirsty
le soir   evening
la soirée   evening, party
soit   that is, i.e.
soit ... soit   either ... or
le sol   ground, soil
le soldat   soldier

le soleil sun
solide strong, solid, sturdy
la solution solution, answer
la somme sum, sum total
somptueux (somptueuse) sumptuous
le son sound
le sondage opinion poll; survey
sonner to ring
sonore sound (adj.)
la sortie outing, exit
sortir to go out
sortir de to leave, to get out of (e.g. car)
souhaitable desirable
souhaiter to wish
souple flexible
la source source
souriant(e) smiling
le soutien support
se souvenir de to remember
souvent often
spatial(e) space (adj.)
le spectacle show, sight
   le spectacle de variétés (f.pl.) variety show
le spectateur (la spectatrice) member of the
   audience
spectral(e) spectral
splendide splendid
sportif (sportive) sporty
le stéréo stereo
stimuler to stimulate
stopper to stop
la subvention subsidy, grant
subventionner to subsidise
le succès success
le sud south
suffir to suffice, to be enough
suffisamment de enough
suffisant(e) sufficient
suggérer to suggest
suisse Swiss
à la suite de following
suivant(e) following
le suivi monitoring
suivre to follow
super great, brilliant
supérieur(e) superior
supplémentaire extra
supporter to cope with, to put up with, to stand
supprimer to do away with, to stop
sûr(e) reliable, sure
sûrement surely
le surf surfing
surtout especially
surveiller to watch over
le symbole symbol
le symptôme symptom
systématique systematic
le système system

tandis que whereas, while
la tante aunt
taper à la machine to type
tard late
le taux level, rate
tel(le) que such that
la télécommunication telecommunications
télécopier to fax

le téléspectateur (la téléspectatrice) television
   viewer
le téléviseur television set
la télévision television
la température temperature
temporairement temporarily
temporel(le) temporal
de temps en temps from time to time
tendre à to tend to
se tenir to be held
terminer to finish
la Terre Earth
la terre d'asile land of refuge, place of refuge
terrestre of the Earth, terrestrial
le Terrien Earthman
la Terrienne Earthwoman
la tête head
théâtral(e) theatrical
le théâtre theatre
thématique thematic
thermique thermal
le tiers third
le timbre (postage) stamp
le ton tone
tôt early
totalement totally
la touche touch
toucher to touch
le/la touriste tourist
touristique tourist (adj.)
la Toussaint All Saints' Day
tout à fait completely, quite, absolutely
tout de même all the same
tout de suite straight away
tout le monde everyone
toutefois however
traditionnel(le) traditional
le traitement treatment, processing
   le traitement de texte word processing
traiter to deal with, to treat
le trajet journey
le tramway tram
tranquillement calmly
   marcher tranquillement to walk at a leisurely
   pace
le transport transport
   les transports (m.pl.) **collectifs** public transport
   les transports (m.pl.) **en commun** public
   transport
le travail work
à travers across, through
troisième third
   le troisième âge elderly (people), senior citizens
la trompette trumpet
trop too (much)
tropical(e) tropical
la troupe company, troupe
se trouver to be (found)
tuer to kill
tueur (tueuse) killer (adj.)
la tyrannie tyranny

l'ulcère (m.) **ulcer**
universitaire university (adj.)
l'université (f.) university
urbain(e) urban
uriner to urinate

l'utilisation (f.)   use
utiliser   to use

les vacances (f.pl.)   holidays
le vaisseau   vessel; nave
la valeur   value, worth
la variété   variety
le véhicule   vehicle
veiller à   to look after
vendre   to sell
vendredi (m.)   Friday
la vengeance   revenge
venir de   to have just
le vent   wind
vérifier   to check, to verify
véritable   real
le verre   glass
   prendre un verre   to have a drink
vert(e)   green
la victoire   victory
la vie   life
la vieille   old woman
vieux/vieille/vieil   old
le vieux   old man
vif (vive)   alive
la ville   town
le vin   wine

le virus   virus
vis-à-vis de   towards, with regard to
la visite   visit
   rendre visite à (quelqu'un)   to visit (someone)
visiter   to visit, to go around (place)
vite   quickly
la vitesse   speed
   en vitesse   quickly
la vitre   window pane
la vivacité   liveliness, vivacity
vivant(e)   living
vivement   deeply, strongly
la voie   way
le voisin (la voisine)   neighbour
le voisinage   neighbourhood, neighbour
la voiture   car
   la voiture particulière   private car
voler   to steal
le voleur (la voleuse)   thief, robber
la volonté   wish
le volume   volume
le voyage d'affaires   business trip
vrai(e)   true
vraiment   really

zapper   to channel-flick
zut!   damn!, blast!

GRAMMAR CONTENTS BY UNIT

GRAMMAR INDEX

Grammar contents by unit   215

TRANSCRIPTS OF RADIO PROGRAMMES

Unit 1: Exercise 21

Interviewer Alors, est-ce qu'il y a pas, malgré tout, quelque(s) risque(s) à tout cela, c'est-à-dire que, on abandonne un petit peu le touriste français qui, qui va aux États-Unis. On lui donne un, un « motor-home »...il se promène, son voyage est planifié, mais il est un peu livré à lui-même et – dans un pays qu'on ne connaît pas, où on pratique souvent mal la langue – on peut, en fin de compte, risquer de gâcher ses vacances parce qu'on est un petit peu perdu.

Marie-Christine Bresson Non. Je ne suis pas d'accord avec vous, parce que, tout d'abord, les Français qui partent aux États-Unis ont une notion de ce que représente le pays. S'ils prennent une voiture, ils ont des cartes routières, sur tous les « highways » il y a des balises qui vous indiquent bien les directions.

Et autre chose: on parle toujours de la barrière de la langue. Je sais bien que de nombreux compatriotes ne parlent malheureusement pas l'anglais, mais sachez que, si vous arrivez en, aux États-Unis en, en ânonnant trois, quatre mots d'anglais, vous arriverez à vous débrouiller, car les Américains sont des gens tellement ouverts qu'ils trouveront toujours un moyen pour vous expliquer.

Unit 2: Exercise 21

Interviewer Pouvez-vous me décrire un gîte?

Mme Gigante Un gîte est un hébergement de vacances que l'on trouve généralement à la campagne. Ça peut être une ferme qui a été rénovée dans le style du pays, ou une maison dans un village...

Interviewer Quels sont les avantages?

Mme Gigante Les avantages? Ben, tout d'abord un gîte ne coûte pas très cher. Deuxièmement, les vacances en gîte permettent de découvrir la vie à la campagne et d'avoir le contact avec les gens du village, et de pouvoir se mêler à la vie de tous les jours...

Unit 3: Exercise 17

Jean-Paul Raulin Cette enquête a été effectuée du 15 juin au 5 juillet dernier auprès d'un échantillon représentatif de 844 personnes âgées de 15 ans et plus. 75% des Parisiens se déclarent satisfaits du fonctionnement des transports urbains mais 78% souhaitent des améliorations pour l'avenir.

A la question « Quels moyens de transport utilisez-vous, même occasionnellement? » les réponses sont les suivantes: le bus et le métro sont choisis par 67% des personnes interrogées, devant la voiture particulière (59%), la marche à pied (6%) et les deux-roues (1%).

Certes, les Parisiens jugent les transports collectifs utiles, pratiques et modernes, mais 9 personnes sur 10 considèrent leur développement et leur amélioration comme importants, voire très importants.

Unit 4: Exercise 18

Jean-Paul Raulin Une grande soirée de gala sera donnée demain au Théâtre des Champs Élysées au profit des recherches sur les maladies cellulaires. Un concert d'œuvres de Beethoven sera dirigé par Zubin Mehta et l'Orchestre Philharmonique d'Israël. Pour réserver vos places, vous devez vous adresser au Théâtre des Champs-Élysées, 15 avenue Montaigne, dans le VIIIe arrondissement.

Unit 5: Exercise 18

Caroline Bosc   Le Club Omnisport du XVe arrondissement propose à partir du 19 septembre prochain des cours de gymnastique féminine: des exercices d'assouplissement et de musculation vous seront proposés sur fond de musique moderne. Les cours seront dispensés tous les lundis de 17 h à 18 h et les mercredis de 19 h à 20 h. Les inscriptions seront prises les mercredi 14 et jeudi 15 septembre de 19 à 20 h, puis à chaque début de séance. L'adresse: Gymnase Falguière, 144 rue Falguière dans le XVe arrondissement, métro Volontaires.

Unit 6: Exercise 16

Mme Battistelli   La Société Nationale de Radiodiffusion, Radio France, a plusieurs chaînes. Elle a d'abord des chaînes dites nationales parce qu'elles diffusent sur tout notre territoire: la chaîne France Inter, la plus ancienne qui est une chaîne grand-public et qui diffuse 24 heures sur 24, la chaîne France Culture, qui s'adresse à un public recherchant plus des émissions culturelles ou éducatives, et la chaîne France Musique, qui apporte des programmes essentiellement musicaux, mais aussi bien avec présentation et commentaire sur les œuvres.

Depuis quelque temps nous avons créé des radios dites thématiques, c'est-à-dire que Radio Sept pratiquement s'adresse aux jeunes, et Radio Bleue aux personnes du troisième et du quatrième âge.

Depuis encore moins de temps, nous avons des stations locales et régionales en province qui ont un programme plus spécifiquement régional. Et enfin, nous avons Radio France Internationale, qui est destinée à émettre en français dans le monde entier...

Unit 7: Exercise 16

Caroline Bosc   Quatorze quartiers de Paris sont dévorés par les termites. Les termites, ce sont des petites bêtes blanchâtres qui vivent à l'abri de la lumière. Ils effectuent de véritables ravages en s'attaquant aux matières cellulosiques – bois, papier, étoffe – mais aussi au plâtre et au ciment. Bernard Gouley a rencontré Madame Michèle Fabre, ingénieur au Laboratoire d'Hygiène de la Ville de Paris. Elle nous communique quelques conseils pour éviter l'invasion des termites.

Michèle Fabre   En priorité de lutter contre toutes les causes d'humidité et, en deuxième conseil, d'éviter de donner à manger aux termites en débarrassant les sous-sols de toutes les matières cellulosiques que, qu'ils peuvent contenir.

Bernard Gouley   Si on laissait faire un nid de termites dans un immeuble, qu'est-ce qui se passerait?

Michèle Fabre   Elles commenceraient à se développer au sous-sol, puis au rez-de-chaussée, au premier, au deuxième, et comme ça jusqu'en haut et ensuite je pense qu'elles se développeraient sur les bâtiments adjacents.

Unit 9: Exercise 16

Mme Nebout   Notre-Dame est un monument très visité, mais je proposerai de prendre le problème à l'envers et d'aller à son chevet. Euh, vous avez au chevet de Notre-Dame le square Jean XXIII, qui est un bijou. Il a d'ailleurs régulièrement tous les ans le prix des parterres fleuris, car ses, ses jardiniers, on dirait qu'ils sont sensibles au fait qu'il y a tant de monde pour venir regarder...

Interviewer   Si nous continuons la promenade, où allons-nous?

Mme Nebout   Eh bien, vous longez le vaisseau de l'église, et puis vous arrivez sur le parvis de Notre-Dame. Au passage, un petit coup d'œil: vous avez là une pierre dans le parvis qui indique le point zéro, c'est-à-dire que lorsqu'on indique 'Paris 20 km', 'Paris 22 km', c'est pris de ce point exact. C'est le centre, c'est le cœur de Paris, même pour le système métrique, qui est peu poétique.

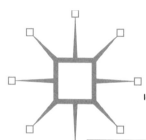

Have you enjoyed this course? Want to learn more?

Breakthrough Languages

Ideal for self-study ● Practise and develop your skills ● Learn a new language

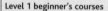

Level 1 beginner's courses

Easy-to-use book and cassette or CD* courses.

Available in French, Spanish, German, Italian, Greek and Chinese.

* CDs for French and Spanish only.

Taking it further

Level 2 in Spanish, French and German
Level 3 in French

Increase your vocabulary, fluency and confidence with these higher level book and cassette courses.

Also available online for French and Spanish Level 1:

For students:

Multi-choice grammar exercises

For teachers:

Photocopiable exercise sheets, teacher's notes and tapescripts

For all courses:

A free site licence is available on request permitting duplication of audio material for classes (conditions apply)

Extra practice

Activity Books with imaginative and varied exercises

Available for Level 1 French, Spanish and German

Available from all good bookshops, or direct from Palgrave Macmillan. Please call Macmillan Direct on 01256 302866
All course books are available on inspection to teaching staff where an adoption would result in the sale of 12 or more copies. Please email lecturerservices@palgrave.com
For further information log on to www.palgrave.com/breakthrough